파미르의 시간

Pa

파미르의 시간

강진숙 지음

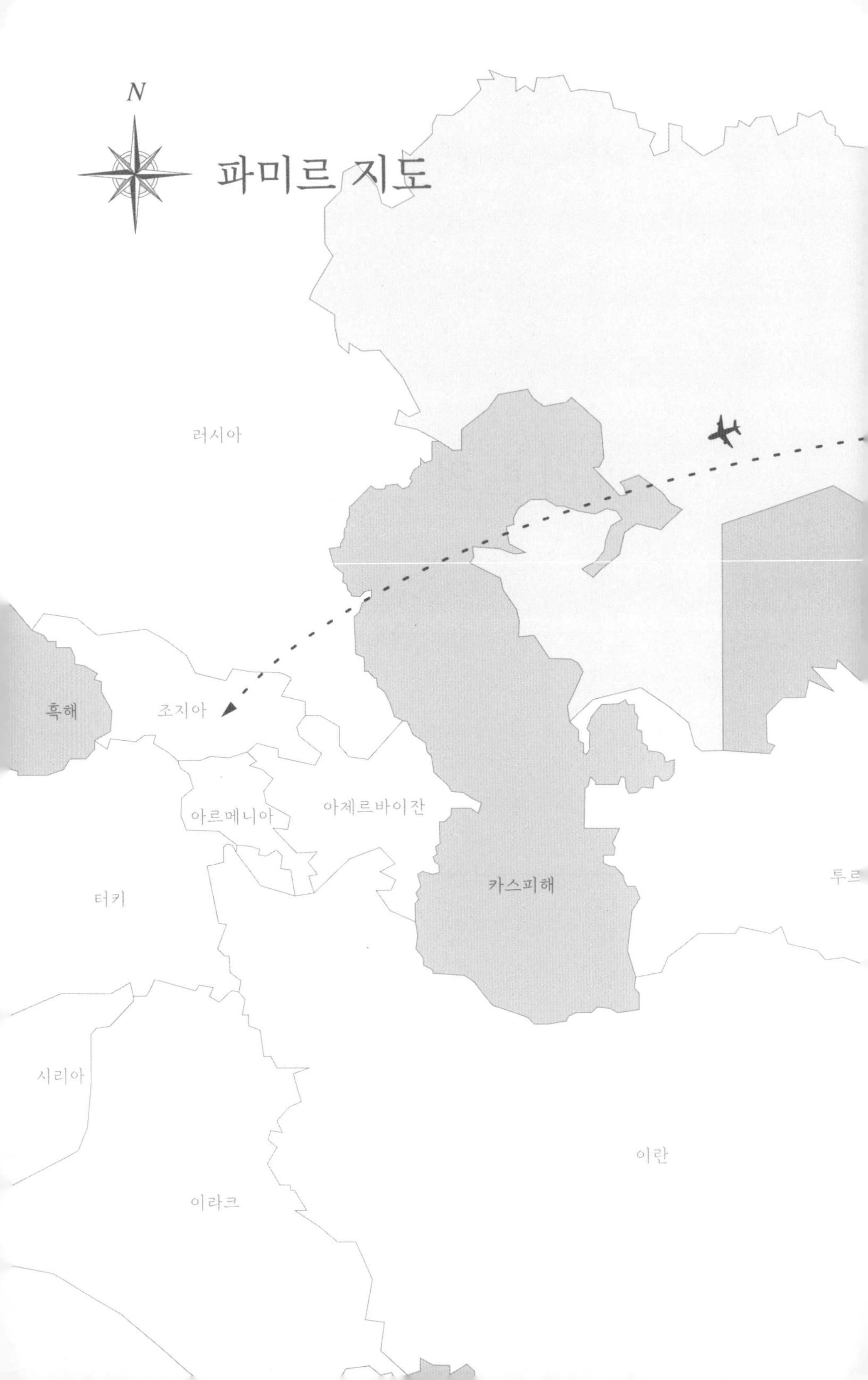
N
파미르 지도
러시아
흑해
조지아
아르메니아
아제르바이잔
카스피해
투르
터키
시리아
이라크
이란

카자흐스탄
알마티
키르기스스탄
우즈베키스탄
타슈켄트
오쉬
사리모굴
사마르칸트
칼라쿨
두샨베
타지키스탄
무르갑
중국
호르그
랑가르
아프가니스탄
인도
파키스탄

차례

3부. 파미르의 오늘

4부. 파미르의 꿈

5부. 파미르를 지키는 사람들

프롤로그

"파미르에 꼭 가봐. 지구에 남은 마지막 곳간이야."

"더 늦기 전에 가야 해."

언젠가 친하게 지내던 대학 선배가 파미르 여행을 권했다. 2000년대 초반, 일찍부터 세계를 무대로 일하던 그는 사업차 여행한 중앙아시아와 파미르고원을 여행지로 추천했다. 파괴되지 않은 자연과 순박한 사람들이 주는 아름다움이 남은 곳이라며 꼭 여행하라고 했다. 언젠가 그곳을 여행하겠다는 마음은 있었지만, 오랫동안 엄두를 내지 못했다.

결혼하면서 남편과 나는 여행 가족을 꿈꾸었다. 여행을 통해 성장하고 자유롭게 살기로 했다. 남편은, 딸아이가 고등학교를 졸업하면 직장을 그만두고 자유롭게 세계여행 다닐 수 있도록 돕겠다고 했다. 그런데 그는 약속을 지키지 못했다. 너무 일찍 세상을 떠났다. 오롯이 가장이 된 나는 집안을 책임져야 했고, 꿈은 점점 멀어져 갔다. 딸아이가 대학생이 되고 제 길을 찾자, 비로소 나는 가장이 아닌 나 자신을 마주할 수 있었다.

남은 인생에서 중요한 것이 무엇일까 생각해 보았다. 한 살이라도 더 젊을 때 나를 돌아보고 인생 후반기를 준비할 시간을 갖고 싶었다. 혼자만의 여행이 필요하다는 생각이 꿈틀거렸다. 나는 학생들에게 여행을 떠나라고 말하는 교사였다. 고등학교를 졸업하면 한 번쯤 학업을 쉬고, 자신을 돌아보는 시간이 필요하다고 말했다. 학업과 부모에게서 벗어나 자신과 대면하는 시간을 가지라고 했는데, 나에게도 그런 시간이 필요했다. 세계여행에 도전하고 싶었다. 때마침 일생에 딱 한 번 이용할 수 있는 휴직제도가 학교에 도입되었다. 무급이라는 것이 문제였지만 선택의 순간에 가장 중요한 것은 '적절한 때'라고 생각하던 나는 휴직하고 6개월의 긴 여행을 떠났다. '내 인생의 쉼표의 시간'을 가졌다.

'세계의 지붕'이라 불리는 파미르는 겹겹이 쌓인 역사가 흐르는 곳이다. 페르시아를 비롯한 투르크족, 몽골족, 티무르제국, 러시아의 지배를 받으며 동서양의 여러 문명과 종교의 영향을 받았다. 수많은 세력이 생성과 소멸을 반복하는 과정에서 새로운 역사가 만들어졌다. 파미르의 대부분은 타지키스탄 영토에 속하지만, 키르기스스탄, 우즈베키스탄, 아프가니스탄, 중국과 국경을 접하고 있다. 파미르 주변국은 1991년에 독립했지만, 옛 소련 시대에 무리하게 그어진 국경선으로 인해 여전히 민족 간의 반목이 끊이지 않고 있다.

파미르는 오래전 실크로드의 '심장' 역할을 하던 때가 있었다. 시안에서 출발한 실크로드 대상들이 로마나 이스탄불에 도달하려면 반드시 이곳을 지나야 했다. 자신이 정주하던 곳을 떠나 낯선 공간을 여행하며 새로운 삶을 찾던 사람들이 이곳을 걸었다. 그곳에서는 멈추거나 되돌아갈 수 없었다. 결코 포기할 수 없는 도전의 공간이었다.

내게도 파미르 여행은 인생의 한 굽이를 넘는 여행이었다. 인생의 중반기를 통과하는 나이, 힘든 시기지만 도망칠 수 없었다. 실크로드의 대상들이 위험이 도사린 것을 알면서도 새로운 도시에 닿기 위해 파미르를 넘었던 것처럼 나 역시 내 인생의 파미르를 넘고 싶었다. 여행을 하며 새로운 길을 찾을 힘을 얻고 싶었다.

파미르에서 보낸 짧은 시간은 한순간에 불과할지도 모른다. 하지만 그곳을 여행하는 동안 일상에 머물러 있을 때는 몰랐던, 나를 이루고 있는 과거와 현재, 미래가 스쳐 지나갔다. 오랜 시간이 겹겹이 쌓여 지금의 파미르가 있듯, 내 삶에도 수많은 시간이 쌓여왔고 쌓여갈 것이다. 긴 세월로 만들어낸 내 삶은 '나'를 벗어날 수는 없을 것이다. 하지만 앞으로 나에게 다가올 시간과, 그렇게 만들어 갈 '내 인생의 시간'은 나에게 달려 있다는 것을 알게 되었다.

2022년 12월

강진숙

45

Dining
room

1

파미르의 시간

파미르는 강렬한 태양과 매서운 추위가 공존하는 곳이다. 파미르고원을 여행하면서 여름을 지나, 폭설이 한창인 겨울을 이겨내고, 가을을 만났다. 봄을 기다리며 씨앗을 뿌리는 사람도 만나고, 무성한 초록의 여름을 다시 만나기도 했다. 익숙한 계절 감각을 뒤흔드는 파미르에서는, 그저 몸을 내맡기고 자연이 보여주는 찬란한 순간들을 만끽하면 된다.

해발고도 4,732m에서

"파미르 트레킹은 당신에게 놀랍도록 아름다운 풍경을 선사합니다. 광대한 빙하와 우뚝 솟은 봉우리가 여행객을 맞이하지만, 때로는 깊고 좁은 계곡이 만들어낸 황량한 지형을 보여주기도 합니다. 파미르에 오신 것을 환영합니다."

파미르의 트레킹 안내 문구는 매혹적이었다. 12,000km에 이르는 실크로드를 전부 걸을 순 없지만, 이번만큼은 걷기로 했다. 온몸으로 파미르를 느끼고 싶었다. 무엇보다 고원 트레킹을 통해 파미르의 진수라 할 수 있는 높은 곳에서 때 묻지 않은 지구의 공기를 느끼고 싶었다.

아침부터 드문드문 눈발이 날렸다. 그렇지만 트레킹은 충분히 가능한 날씨였다. 게스트하우스를 나서며 물, 사과 몇 알, 빵을 챙겼다. 운전사 아미타가 트레킹의 시작 지점인 프샤트(Pshart) 계곡까지 태워주기로 했다. 아미타는 직접 트레킹해 본 적은 없지만 많은 여행자를 태워준 경험이 있다. 어렵지 않은 코스라고 말하며 우리에게 용기를 주었다. 함께 트레킹에 나선 통역 가이드 아프타는 이번이 첫 파미르 여행이었다. 해발고도 4,732m에 우리가 오를 수 있을까? 약간의 긴장감이 더해졌다.

아미타의 차로 한 시간 정도 달려 트레킹의 출발지 프샤트 계곡에 도착했다. 주위는 온통 황량한 바위산과 흙산뿐이었다. 저 멀리 계곡 사이로 우리가 올라야 할 새하얀 설산이 보였다. 개울을 사이에 두고 유목민의 유르트 세 채가 있었다.

한 번도 높은 산에 올라 본 적이 없는 우리끼리 과연 트레킹에 성공할 수 있을지 걱정하고 있을 때 한 청년이 다가왔다. 그는 약

간의 사례비를 받고 트레킹을 도와주는 유목민이었다. 다행이었다. 이곳 지리를 잘 아는, 몇 번이고 올라가 본 경험이 있는 그와 함께라면 걱정할 일이 없을 것이다. 우리는 청년과 함께 말라버린 개울을 따라 걷기 시작했다. 아득해 보이는 눈 쌓인 봉우리를 바라보며 한 걸음씩 내디뎠다. 바위와 잔돌만 있는 초원길은 가벼운 산책길처럼 느껴졌다. 여행자들의 대화가 그렇듯 설레는 마음으로 가벼운 대화와 농담이 오갔다.

평지가 끝날 무렵부터 조금씩 눈이 흩날리기 시작했다. 날이 꽤 흐렸다. 유목민 청년은 이 정도 날씨는 아무것도 아니라는 듯, 호주머니에 손을 넣은 채 동네를 산책하듯이 잘도 걸었다. 그의 모습에 적이 안심되었다. 긴 평지 길이 끝나고 고개를 올라야 하는 마지막 구간에 이르렀다. 비탈길로 접어들자 숨쉬기가 어려워졌다. 이곳은 애초에 해발 3,629m로 높은 지대여서 제법 숨이 찼다. 봉우리를 올려다보았다. 경사는 급하지만 짧은 거리여서 쉽게 오를 수 있을 것처럼 보였다. 하지만 조금만 걸어도 심장이 뛰는 소리가 들릴 지경이었다. 기온은 점점 더 내려갔다. 눈이 멈출 기세도 없었다. 해발고도가 높은 곳에서는 조금만 고도가 높아져도 기온이 다르게 느껴진다. 뒤를 돌아보면 출발한 곳이 너무나도 아득해 돌아갈 수도 없었다.

얼마나 걸었을까. 새하얀 굼베즈쿨(Gumbezkul) 고개가 바로 앞에 보였다. 달려가면 한숨에 도착할 수 있을 거리다. 하지만 10m를 채 걷지 못하고 멈추어야 했다. 발을 옮기기가 쉽지 않았다. 올라갈수록 온도는 급격히 떨어지고 눈발은 굵어졌다. 호흡을 정리하지 못하고 가쁘게 몰아쉬는 나를 본 아프타는 입이 아닌 코로 숨을 쉬라고 했다. 하지만 코로 숨을 쉬어도 아픈 머리는 여전했다. 우리를 이끌어주던 유목민 청년만이 평지에서처럼 호주머니에 손을 넣고 가볍게 걸었다.

굼베즈쿨 고개가 코앞이었지만, 올라갈 수도 내려갈 수도 없었다. 고개 바로 아래에서 머리를 감싸 쥐고 웅크려 앉았다. 그 순간이 영원처럼 느껴졌다. 어떤 마음으로 여기에 왔는지는 더 이상 중요하지 않았다. 그저 지금 내가 디뎌야 할 땅, 얼굴을 적시는 눈, 정돈되지 않는 호흡에만 정신이 쏠렸다. 과거의 나도 미래의 나도 적막처럼 사라졌다. 오롯이 내가 발 딛고 있는 그 순간만이 존재했다. 바람이 나를, 언덕을 스치고 지나갔다.

마음을 가다듬고 다시 발을 내디뎠다. 드디어 해발 4,732m 굼베즈쿨 고개에 올랐다. 내가 이보다 더 높이 오른 적이 있었던가? 믿기지 않았다. 놀랍도록 아름다운 산봉우리와 이곳에서 볼 수 있을 것이라고는 생각도 하지 못했던 빙하가 멀리서 반짝였다. 굼베즈쿨 고개 주위로 더 높은 봉우리들이 위용을 자랑하고 있었지만, 엄두를 낼 수 없는 곳이다. 눈으로는 가까워 보여도 며칠이 걸릴 거리다.

유목민 청년이 날씨가 더 나빠지기 전에 하산해야 한다고 말해주었다. 가슴이 터질 것 같은 등반의 끝에는 짧은 감탄과 되돌아가야 할 긴 길만 남아 있었다. 하지만 파미르의 빙하는 지금까지의 고통을 잊게 해 줄 만큼 멋졌다. 순간의 희열을 위해 이토록 힘든 산을 오르는 것일까?

정상에서 찰나의 기쁨을 누리고 있을 때, 빠른 속도로 정상을 향해 올라오는 사람이 있었다. 우리와 함께 온 청년의 형이었다. 정상까지 올라온 그는 놀랍게도 슬리퍼 차림이었다. 그가 허겁지겁 산을 뛰어 올라온 이유는 동생을 위해서였다. 혹여나 동생이 제대로 된 팁을 받지 못할까 봐 걱정되어 온 것이다. 동생을 아끼는 형의 마음이 느껴졌다.

정상에서 유목민 형제와 헤어져야 했다. 그들은 온 길을 되돌아가야 했고, 우리는 고개 너머 마디안(Madiyan) 계곡으로 내려가야 했다. 내려가는 길은 외길이어서 길을 잃을 염려는 없다고 했다. 지도 한 장도 없이 내려가야 해서 두려웠지만, 어쩔 수 없었다. 눈바람이 부는 날씨에 4,732m 높이의 고개에서 우리끼리 내려가야 했다. 그들 형제는 우리가 내려가는 모습을 한참 동안 지켜봐 주었다. 우리가 점처럼 보일 때까지도 지켜봐 준 그들의 모습이 힘이 되었다. 두려움에 떨 때 지켜봐 주는 존재가 있다는 것만으로도 위로가 된다는 것을 새삼 느꼈다.

산은 오르는 것보다 내려가는 것이 더 어렵다고 했던가. 거기다 마디안 계곡으로 내려가는 길은 경사가 아주 급해서 녹록지만은 않았다. 돌길이어서 발을 내딛는 순간마다 아찔했다. 특히 무릎이 좋지 않은 한 일행이 무척 애를 먹었다. 올라갈 때도 그러했지만 내려갈 때가 되니 일행의 걷는 속도가 점점 달라졌다. 어쩌다 보니 일행과 동떨어져 혼자 걷는 시간이 많아졌다. 계곡을 빠져나오는 그 긴 시간은 마치 내가 보내온 삶 속으로 시간 여행을 하는 것 같았다.

마디안 계곡을 거의 다 내려왔을 때쯤 야크 떼를 만났다. 유목민들에게 유용한 동물인 야크는 고산지대에 적응된 동물이다. 나보다 더 자유롭게 걷는 야크가 부럽게 느껴질 정도로 걷는 것이 힘들었다. 넓은 초원이 펼쳐지고 강줄기가 흐르는 곳에 다다랐을 때 유르트 한 채가 보였다. 유르트에서 좀 쉴 수 있으면 좋겠다고 생각하고 있었는데, 마침 유르트에서 나오는 유목민 아주머니와 마주쳤다.

"잠시 쉬어갈래요?"

유목민 아주머니가 우리를 초대했다. 지친 몸으로 유르트 안에 들어갔다. 아주머니는 분주히 움직이며 알록달록 꽃무늬가 있는 예쁜 천을 가져와 바닥에 깔고 차와 빵, 갓 짠 우유로 만든 요구르트인 '아이란'을 내왔다. 추위에 떠는 우리를 위해 난로에 말린

야크 똥 연료를 더 넣어 주었다. 덕분에 유르트가 따뜻해졌다. 웅크렸던 몸이 좀 풀리기 시작했다. 그제야 유르트 안이 찬찬히 눈에 들어왔다.

여행을 떠나오면서 6개월 동안이나 비워둘 집이라 집안 곳곳을 청소하며 필요 없는 것은 버리고 정리했다. 냉장고와 냉동고에 가득 찬 식료품, 베란다와 집안에서 키우던 식물도 없애야 했다. 가까이 사는 친구와 이웃들에게 식자재를 나누어 주고, 식물을 분양했다. 집을 정리하면서 살아가는 데 필요한 것이 의외로 간소하다는 것을 알게 되었다. 그동안 나는 필요도 없는 것을 너무 많이 지니고 살았다. 내가 이제야 깨달은 것을, 여기 사람들은 이미 알고 있다는 생각이 들었다. 난로와 찻주전자, 몇 개의 그릇, 그리고 이불뿐인 유르트의 세간살이가 더 눈에 들어왔다.

굼베즈쿨 고개를 오르내리느라 지친 몸이 좀 풀렸다. 낯선 여행자를 기꺼이 초대해 따뜻한 자리와 음식을 내어준 아주머니가 고마웠다. 유르트를 나서며 약간의 사례비를 드렸다. 모든 것이 부족한 고산이기에 대접받은 손님이 사례비를 내는 것이 불문율이다. 서로 돕고 사는 것이다.

유르트에서 나와 한참을 걸었지만, 길은 끝나지 않았다. 고개를 돌고 돌았다. 우리를 기다리는 아미타를 만난 것은 유르트에서 출발한 지 두 시간이 지났을 때다. 아침에 헤어진 후 9시간 만의 재회였다. 게스트하우스로 돌아왔을 때는 저녁 8시를 훌쩍 넘긴 시간이었다. 사방이 깜깜한 밤이었다. 우리는 해발고도 4,732m가 우리 몸에 미칠 영향을 몰랐다. 설렘만을 안고 떠난 무모한 트레킹이었다. 파미르에서 나고 자라 파미르의 호흡을 아는 유목민과 우리는 달랐다. 일행 중에는 고산증세와 추위로 탈진하기까지 한 이도 있었다. 다행히 나는 고산증세는 겪지 않았지만, 봉우리 바로 아래에서 경험했던 숨이 멎을 것만 같은 기분과 머리를 찡하게 파고들던 두통은 여전히 생생했다.

『월든』의 저자 헨리 데이비드 소로는, "우리는 길을 잃고 세상을 잃은 뒤에야 비로소 자신을 찾기 시작한다. 자신이 있는 곳을 깨우치고, 자신과 세상이 무한한 관계를 맺고 있음을 깨닫는다."고 했다. 파미르는 '내가 마주한 순간'이 소중하다는 것을 일깨워주었다. 한 발 한 발 내디디는 발자국마다 생의 의지를 다지게 했다. 내가 있는 이곳, 내가 있는 시간, 내 앞에 있는 사람들에게 집중하게 했다. 파미르가 나에게 준 선물이었다.

떠난 이들을 생각하다

파미르의 밤은 영원처럼 느껴질 때가 있다. 전기 사정이 좋지 않은 파미르에서 밤은 온통 새까만 어둠이다. 게다가 추위가 뼛속까지 파고들어, 여행자는 어두운 시간의 흐름 속에 자기 자신을 맡길 수밖에 없다.

파미르의 동부지역은 전기 공급이 제대로 되지 않아 대체로 태양열 전지판을 사용한다. 해가 지면 전기를 사용하지 못해서 저녁도 겨우 촛불을 켜 놓고 먹어야 하는 곳도 있었다. 대체로 말린 야크 똥을 연료로 난로를 지펴 방을 데우지만, 야크 똥도 귀해서 방을 훈훈하게 데우기가 어렵다. 난방기가 있는 집도 있지만, 전압이 약해서 배터리 충전도 어려운 상황이어서 난방기는 이름뿐이었다.

9월 중순이지만, 해발고도가 높은 곳이라 이미 겨울로 접어든 날씨였다. 바깥에 있는 화장실에 가려고 문을 열면 입김이 공중으로 번져나갔다. 밤하늘에는 헤아릴 수 없는 수많은 별이 빛나고 있었지만, 몸이 저절로 오그려져 하늘을 올려다볼 마음도 나지 않았다. 얼른 방으로 들어와 이불 속으로 들어갔다. 여행자들과 어울려 자는 방에는 침대가 없었다. 카펫이 깔린 바닥에 얇은 이불을 깔고 자야 했다. 추위를 이기기에는 열악한 환경이다. 뜨거운 물주머니와 핫 팩 생각이 간절했다. 무서울 정도로 추운 밤이었다.

시골에 살던 어린 시절, 내가 자주 놀러 가던 친구 집은 호롱불을 사용했다. 마을에는 대체로 전기가 들어왔지만, 마을 뒤편 산자락에 있던 친구네는 전기를 쓸 수 없었다. 깜깜한 방안을 고요히 밝히던 호롱불이 좋아서 그 친구 집에 자주 가곤 했다. 그 시절 우리네 시골에서는 해가 지면 자고 해가 뜨면 일어나는 게 일상이었다. 도시에서 인생의 절반을 넘게 지낸 내가 파미르에서 그 시절을 다시 맞닥뜨렸다.

"선생님은 그런 곳으로 왜 가세요?"

파미르로 여행을 떠난다는 내게 사람들은 물었다. 적어도 사람들에게 파미르는 휴양지이거나 화려한 볼거리가 있는 곳은 아닐 테니 궁금할 만도 할 것이다. 글쎄, 나는 왜 이곳으로 왔을까. 어두운 밤공기 사이로 남편, 아버지, 할아버지, 할머니, 외할머니, 사촌 동생을 비롯해 내 유년기를 보듬어 주던 동네 할머니들이 떠올랐다. 그들은 내 인생에 잠깐 속해있다 너무 빨리 떠나버린 사람들이다. 평소에는 잊고 지내지만, 여행을 오면 마음속에 품고 있던 그들에 대한 마음이 피어오른다.

내게 처음으로 다른 세상을 꿈꾸게 한 이는 할아버지다. 재일교포 1세였던 할아버지는 평생을 일본에서 사셨다. 한일 외교 문제로 우리 가족은 오랫동안 이산가족으로 살아야 했다. 나는 초등학교 1학년이 되면서부터 할아버지와 편지로 안부를 주고받았다. 가끔 할아버지의 답장에 딸려 오는 사진과 엽서, 선물을 받으면서 할아버지가 사는 곳을, 그곳에 사는 내 또래의 삶을 상상했다. 그들이 사는 집, 그들이 먹는 음식, 그들이 쓰는 언어와 그들의 삶이 궁금했다. 아마도 그때부터였을 것이다. 막연히 먼 곳에 대한 그리움이 생기기 시작한 것은.

아버지는 내게 처음으로 여행을 보여 줬다. 시골에서 태어나 평생을 농부로 산 아버지는 대개의 농부처럼 자연의 흐름을 따라

73

서 살았다. 농번기 때는 온 가족이 일에 매달려야 할 정도로 열심히 일했다. 어린 우리 남매들도 봄가을에는 농사일을 도왔다. 방과 후는 물론 공휴일에도 아버지를 따라 논밭에 나갔다. 모내기와 보리타작, 벼 수확 철에는 밤늦게까지 부모님을 도왔다. 어린 시절에는 현충일과 국군의 날, 개천절을 논이나 밭에서 보낸 탓에 공휴일이 없으면 좋겠다고 생각할 정도였다.

그렇다고 해서 아버지가 일만 하는 사람은 아니었다. 아버지는 '일과 여가'의 조화를 중요하게 여기는, '놀 줄 아는' 사람이었다. 비가 내려서 일을 못 하게 되는 날이거나 농한기가 되면 털털거리는 고물 트럭에 엄마를 태우고 곳곳을 다녔다. 수확기가 끝나는 농한기가 되면 동네 사람들을 모아 며칠간 다른 도시로 여행을 가기도 했다. 부모님이 돌아올 날이 되면 나는 동생들을 데리고 마을 정자나무 아래에서 설레는 마음으로 부모님을 기다리곤 했다. 어쩌다 아버지가 해외여행을 다녀온 후 선물해준 기념품이나 여행지의 풍광이 담긴 사진을 보면서 나도 아버지처럼 여행하겠다는 꿈을 꾸었다.

아버지는 예순다섯 살에 갑작스럽게 돌아가셨다. 급성 백혈병이었다. 치료를 받은 후 일 년 반을 더 사셨는데, 그 기간에 아버지는 여행을 다녔다. 때로는 가족과 때로는 친구들과 또 때로는 엄마와 둘이서. 갓 개장한 용산 국립박물관, 동해안, 제주도를 비롯해 우리나라 곳곳을 여행했고, 온 가족과 함께 일본 여행을 다

너오기도 했다. 너무 일찍 이별한 애통함이 크지만, 적어도 아버지의 생애를 '한스러운 생'이었다고 표현하지 않아도 되는 것으로 위안 삼았다. 아버지는 일이든 여가든 열정을 다했고, 자신의 의지대로 자유롭게 살려고 노력했다. 가족에게 부채감을 남기지도 않았다. 아버지에게 '여행'은 삶의 일부였다. 아버지는 내게 유산으로 '지금, 여기'의 삶을 소중히 여기는 태도, '조화로운' 삶을 살게 하는 태도를 남기셨다.

결혼 후 나는 남편과 아이와 함께 틈만 나면 여행을 다녔다. 우리는 '여행 가족'을 꿈꾸었지만, 가벼운 주머니 때문에 조금 더 여유가 생기면 자유롭게 여행을 다니자고 했다. 하지만 남편은 쉰셋이라는 젊은 나이로 세상을 떠나갔다. 그와의 이별은 우리 가족으로서는 생각지 못 한 일이었다. 평소에 병원 한번 간 적이 없을 정도로 건강한 그였지만, 건강은 한순간에 무너졌다. 너무 빨리 세상을 떠나간 안타까움은 차마 입에 올리기도 힘들지만, 그 역시 열정적으로 살다 갔다. 어딘가에 속박되거나 억눌리기보다 주체적으로, 자유롭게 살았다. 그는 내게 미래를 담보로 현재를 저당 잡히지 않는 삶을 꿈꾸게 했다. '자유로운 삶'을 꿈꾸게 한 남편이 나를 여행으로 이끌었다.

추위가 뼛속을 파고들어 영원처럼 느껴지는 파미르의 밤. 옛 기억을 꺼내 더듬거리는 것 말곤 도무지 할 게 없는 시간이었다. 내가 떠나보낸 이들, 내가 보낸 시간, 앞으로 내게 다가오는 시간을 생각하다가 어느 틈에 잠이 들었다. 아침에 일어나 보니 몸 곳곳이 벌겋게 부풀어 올라 있었다. 벌레에 물린 모양이었다. 주인 아주머니가 정성스럽게 차려준 아침밥을 먹으며 가려움을 잊었다. 뭐든 좋기만 할 수는 없다. 소박하지만 따끈한 국물로 위안 삼으며 파미르의 하루를 보낼 채비를 했다.

파미르의 하루에는 사계가 있다

파미르에서는 하루에 다양한 계절을 경험한다. 여기서는 여름인가 싶다가도 또 저기는 겨울이다. 높은 산들로 둘러싸인 동부 지역은 추운 겨울이다. 아프가니스탄과 국경을 마주하고 있는 남부의 와칸 계곡으로 접어들면 추수가 한창인 가을이고, 와칸 계곡의 끝자락인 서부 지역으로 돌아서면 햇살이 따가운 여름이다. 파미르의 시간과 자연은 바깥세상과는 다르게 흘러간다. 하루에 일 년의 시간이 담겨 있다.

여름의 시간, 오쉬

파미르고원을 여행하는 길은 두 가지다. 파미르고원의 북동쪽인 키르기스스탄의 오쉬(Osh)에서 출발하거나, 서쪽인 타지키스탄의 두샨베에서 출발하여 동쪽으로 가는 정반대의 길을 택한다. 중국의 시안에서 출발해 우루무치를 거쳐 중앙아시아로 넘어온 나는 오쉬에서 파미르 여행을 시작했다. 오쉬는 실크로드의 교차로에 있는 지정학적 위치 덕분에 오랫동안 무역의 중심지 역할을 해냈다. 지금도 많은 사람이 파미르 여행의 첫 번째 도시로 오쉬를 찾곤 한다.

여행지에서 제일 먼저 발길이 닿는 곳은 시장이다. 시장에서는 다른 곳보다 생생한 현지인의 삶이 살아 숨쉬기 때문이다. 파미르고원 여행에 필요한 간식거리도 준비할 겸 오쉬의 시장을 찾았다. 9월 중순인데도 여름 햇살이 따가웠다.

오쉬는 해발고도 1천 미터 정도인 페르가나 계곡(Ferghana Valley)에 자리 잡은 덕분에 주변으로 비옥한 땅이 펼쳐져 있다. 시장에는 페르가나 계곡에서 생산된 사과, 복숭아, 포도, 수박, 무화과가 먹음직스럽게 쌓여있고, 말린 건포도, 살구, 대추야자, 피스타치오, 호두, 아몬드, 땅콩과 같은 견과류도 넘칠 듯이 진열되어 있다. 키르기스스탄의 주식인 빵도 다양한 모양으로 사람들의 발길

을 잡는다. 수많은 사람으로 문전성시를 이룬 시장에는 빨갛고 노란 향신료와 깊은 산자락에서 채취한 것이 분명해 보이는 약초 냄새가 공기 중에 번졌다.

> "페르가나 계곡의 어떤 곳도 오시의 아름다움을 따라갈 수 없다. 강을 따라 과수원이 펼쳐져 있고, 물가로 나무가 쭉쭉 뻗어 자란다. 정원에는 예쁜 제비꽃이 자라고, 봄에는 튤립과 장미가 흐드러지게 피어나는 사랑스러운 도시다."

페르가나 계곡에서 태어난, 인도 무굴 제국의 황제였던 술탄 바부르(Sultan Babur)가 그의 회고록에서 묘사한 오쉬의 모습이다. 그가 노래한 오쉬의 아름다움을 전부 볼 수는 없었지만, 시장에 널린 탐스러운 여름 과일과 물산을 보노라면 그가 칭송했던 모습을 금방 상상할 수 있다. 초원에 피어났을 아름다운 꽃과 과일나무, 농부들의 땀방울이 그려졌다. 눈과 카메라로만 훑고 지나가는 여행자에게도 견과류를 한주먹 내미는 상인들의 미소에서는 오쉬의 풍요로움과 여유가 느껴졌다. 그때의 상인들도 따뜻한 미소를 띠지 않았을까?

과일과 견과류 그리고 약간의 주전부리를 사서 시장을 빠져나와 근처 카페로 향했다. 카페에는 우리처럼 시장에서 막 나온 여성들이 차를 마시고 여유를 즐기고 있었다. 히잡을 두른 아주머니, 엄마의 손을 잡고 나온 소녀, 시원스레 커트 머리를 한 여인까지 연령도 스타일도 다양했다. 서로 말은 통하지 않았지만, 따스한 눈인사를 주고받았다. 카페 옆으로 시원하게 흐르는 악부르강이 햇살에 빛나고 있었다. 강가에 줄지어 선 싱그러운 미루나무는 바부르 황제도 보았을까? 나는 여름의 오쉬에서 파미르 여행을 시작했다.

겨울의 시간, 툴파쿨 호수

오쉬에서 세 시간 정도 차를 타고 달렸다. 키르기스스탄에서 가장 큰 산악 계곡 중 하나인 알라이 계곡(Alay Valley)의 툴파쿨 캠프장에 도착했다. 불과 세 시간 전만 해도 따가운 햇살이 얼굴에 와 닿는 여름이었는데, 갑자기 계절이 바뀌었다. 캠프장으로 향하는 길로 접어들자 길옆으로 눈이 쌓여있고, 주변으로 설산이 펼쳐졌다. 차가운 공기가 차 안까지 스며들어와 입김이 하얗게 서렸다. 레닌봉 아래 자리 잡은 툴파쿨 캠프장은 인기척이 느껴지지 않는 흰 세상이었다. 고요하고 차가웠다. 모든 것이 얼어붙어 있었다. 고산지대에 적응한 강아지 두 마리만이 눈밭을 이리저리 내달리며 발자국을 폭폭 남길 뿐이었다.

45
45

"어젯밤 폭설로 유르트 한 채가 무너졌어요. 아무래도 날씨가 심상치 않아요."

유르트 캠프장을 지키고 있는 아주머니가 간밤에 무섭게 내린 폭설에 대해 말해주었다. 무너진 유르트 앞에서 하루 만에 달라진 계절을 실감했다. 여기도 얼마 전까진 양과 말이 풀을 뜯는 무성한 초원이었지만, 모든 곳이 하얗게 얼어붙어 있었다. 아주머니는 식당으로 쓰는 컨테이너로 우리를 초대해 따뜻한 차 한 잔을 끓여주었다.

이곳에서 트레킹하려던 계획을 변경해야 할 것을 직감했다. 알라이 계곡은 파미르의 최고봉인 레닌봉을 비롯한 7,000m 높이의 봉우리로 둘러싸인 곳이어서 트레킹하기에 좋은 곳으로 유명하지만, 트레킹은 고사하고 툴파쿨 호숫가에서 하룻밤을 보내는 것도 포기해야 할 것 같았다. 해발 고도가 높은 곳이라 밤낮의 기온차가 커서 몹시 추운 밤이 될 것이 분명했다. 아주머니 말에 따르면 안전하게 트레킹을 즐기려면 7, 8월이 적기다. 아무리 늦어도 9월 초에는 이곳에 도착해야 트레킹을 할 수 있다. 9월 중순도 지난 후에 이곳에 도착한 우리는 트레킹이 가능한 시기를 놓친 것이다. 유르트에서 밤을 보내는 것을 포기하고 사리모굴(Sary Mogul) 마을로 돌아갈 수밖에 없었다. 아주머니는 이곳 사정을 모르는 여행자들이 아직은 간간이 찾아올 때라 유르트를 지키고 있어야 한단다. 10월이 되면 사리모굴 마을로 돌아간다고 했다.

캠프장 주변 풍경은 너무도 아름다웠다. 캠프장 위로 우뚝 솟은 눈 덮인 레닌봉의 위용은 바라만 보아도 멋졌다. 많은 여행자가 가슴 설레며 이곳을 찾은 이유를 알 수 있을 것 같았지만, 잠시나마 캠프장 주변을 걷는 것으로 아쉬움을 달래야 했다. 호수와 길을 구분할 수 없을 정도로 눈이 쌓여 차바퀴가 남긴 자국을 따라 조심조심 걸었다.

지금부터 시작된 겨울은 내년 봄까지 이어질 것이다. 날이 점점 더 얼어붙고 드문드문 찾아오던 여행객의 발길도 뜸해지면 산과 호수에 쌓여가는 눈만이 이곳을 지킬 것이다. 아쉬움이 남지만, 파미르의 혹독한 겨울을 잠시 대면할 수 있었던 것으로 위안 삼았다. 우리를 향해 손을 흔드는 아주머니의 미소만큼은 세상 무엇보다 따뜻했다.

CKLINE
天

45

O 8025 AB

겨울을 넘다

사리모굴에서 하룻밤을 지낸 후 키르기스스탄 국경을 통과해 타지키스탄의 무르갑(Murgab)까지 가기로 했다. 키르기스스탄 국경 검문소를 지나자 탁 트인 도로였다. 이 길의 이름은 '파미르 하이웨이'. 말 그대로 고속도로처럼 시원한 길을 달렸다. 가슴이 뻥 뚫리는 듯했다.

넓은 도로를 달리는가 싶었는데, 어느새 도로의 폭이 좁아지기 시작했다. 구름이 아래로 보이고, 도로는 설산 위를 지나고 있었다. 해발고도가 점점 높아지는 것이 느껴졌다. 겨우 차 한 대가 지나갈 수 있을 정도로 폭이 좁은 도로는 차바퀴가 지나간 곳을 제외하고는 온통 눈이었다. 몇몇 차들이 도로 가장자리에 꼼짝 못하고 애처롭게 멈춰 서 있었다. 우리 차는 사륜구동이어서 괜찮을 거라며 아미타가 우리를 안심시켰다.

> "말을 타고 12일간 이 고원을 지나게 되는데, 그곳을 파미르라고 부른다. 12일 동안 마을이나 오두막 한 채도 눈에 띄지 않고, 가도 가도 끝없는 길만 나 있는 사막과 같은 곳이어서 먹을 것을 구할 수가 없다."

『동방견문록』에 담긴 마르코 폴로의 말이다. 지금도 파미르에서는 마을을 만나기가 어려워 자전거나 도보 여행자들은 하는 수 없이 텐트를 치고 밤을 보낼 수밖에 없다. 우리가 차를 타고 지나가는 도로 옆 눈밭 위에도 여행자들이 하룻밤을 보낸 텐트가 드문드문 보였다. 눈밭에서 밤을 보냈을 그들을 생각하면 경이롭기까지 하다. 나도 저들처럼 여행할 수 있을까? 생각만 해도 뼈가 시려 온다. 이제는 내 몸 상태를 잘 아는 것이 중요한 나이가 되어버렸다.

키르기스스탄과 타지키스탄의 국경 사이에는 다른 나라와 달리 30km 정도의 공유 구간이 있다. 이 두 나라의 넓은 국경 사이에 해발고도 4,282m의 키질아트(Kyzylart) 고개가 우뚝 솟아있는데, 실질적으로 키질아트 고개를 경계로 두 나라로 나뉘는 셈이다. 고개를 내려서니 타지키스탄 국경이 나왔다. 출국심사는 간단하게 끝났다. 타지키스탄 쪽 국경에는 내가 이미 지나온 키르기스스탄 쪽으로 넘어가려는 자전거 여행자가 제법 많이 보였다.

"와, 대단해요. 자전거로 파미르를 넘다니요."
"사실 자전거만으로 파미르를 온전히 넘지는 못해요. 그러기에는 나이도 많고 체력도 부족하거든요. 오르막이 나오면 트럭을 얻어 타고 다녀요. 제 몸에 맞게 여행해요."

네덜란드에서 온 50대의 부부 여행자다. 네덜란드에서 출발해 중국을 거쳐 베트남, 한국, 일본을 여행한 후 파미르고원을 넘는

중이었다. 내가 한국에서 왔다고 하자 그들은 한국의 자전거 도로를 칭찬하며 엄지를 들어 올렸다. 한국 돈이 남아 있다며 꼬깃꼬깃한 천 원짜리 지폐를 내게 주기도 했다. 나와 또래인 그들 또한 달라진 체력을 받아들이며 여행 중이었다. 때로는 차를 얻어 타며 에너지를 비축하고, 자전거를 탈 수 있을 때는 함께 속도를 맞춰 페달을 밟는다. 자신을, 서로를 누구보다 잘 알기에 가능한 일일 것이다.

대체로 우리 세대는 태어나서 지금까지 쉼 없이 달려왔다. 학교를 졸업하면 직업을 갖고, 결혼하고 자녀를 키우는 리듬이 거의 같았다. 어쩌면 인생에서 50년의 세월을 보내온 우리에게 필요한 것은 '잠시 멈춤'일 것이다. 그동안 달려온 시간을 멈추고 미래를 응시하기 위해서는 꼭 필요한 시간이다. 낯선 곳을 여행하기 위해 반년을 휴직한 나도, 1년을 휴직하고 자전거 여행을 떠나온 그들도 쉼을 통해 인생의 전환점을 스스로 맞이하고 있는지도 모르겠다.

여름에서 겨울로 훌쩍 건너온 파미르에서, 내 인생의 계절을 생각해 본다. 남들보다 빠른 이별을 경험하며, 어쩌면 내 인생에 이른 겨울이 찾아온 것으로 생각해왔다. 그렇다고 해도 파미르를 넘고 있는 지금처럼, 더한 상황에도 견디는 파미르의 숱한 여행자들처럼, 나의 겨울도 잘 넘어내고 싶다.

검문소를 떠나기 전 또 다른 자전거 여행자를 만났다. 스페인에서 온 그는 겨우 몸을 뉠 조그마한 1인용 텐트를 자전거에 싣고서 눈밭에서 잠을 자가며 온몸으로 파미르를 넘는 중이었다. 편안함과는 거리가 먼, 자기 자신의 한계를 마주하는 고달픈 여행이다. 하지만 나는 알고 있다. 이 길의 끝에는 여름이 그를 기다리고 있다는 것을. 조용히 그를 응원하며 나 또한 언젠가 맞이할지 모를 뜨거운 여름을 기대하며 국경을 떠났다.

가을의 시간, 와칸 계곡

파미르의 남쪽 와칸 계곡은 아프가니스탄과 국경을 접하고 있는 지역이다. 굽이치는 판지 강과 아프가니스탄의 바위 회랑이 자연 국경을 이루고 있다. 우뚝 솟은 바위 절벽은 외부의 접근을 가로막는 듯 냉랭하다. 차가운 바람이 메아리칠 것만 같은 절벽이 강을 따라 펼쳐진다. 그래도 이따금 개울이 넓어졌다가 좁아질 때면 아프가니스탄에 갈 수 있을 것만 같은 기분이다. 몸은 타지키스탄 땅을 달리지만, 마음은 아프가니스탄을 향했다.

아슬아슬한 좁은 협곡 사이를 달리다가 어느 순간 시야가 탁 트인 길을 만났다. 해발고도가 낮아지면서 풍광도 달라졌다. 시간이 거꾸로 흐르는 듯했다. 가을의 시간을 만났다. 평화롭고 풍요로워 보이는 농촌 들녘이 이어졌다. 드문드문 초록도 보였다. 요즘 우리나라에서는 보기 드문 버드나무 가로수 길이 시원하게 펼쳐진 길을 달렸다.

9월부터 눈에 파묻히는 파미르의 동부 지역과 달리, 와칸 계곡의 9월은 한창 수확기였다. 판지강을 낀 들녘에는 곡식이 누렇게 익어가고 농부들이 한창 추수에 매달리고 있었다. 탈곡기로 수확 중인 농부들, 새참을 먹으며 쉬는 사람들, 이미 수확을 마친 밭에 씨감자를 심는 사람들도 있었다. 농번기에 부모님 일을 돕던 어린 시절이 떠올랐다. 품앗이로 집집이 돌아가면서 보리타작이나 벼 타작을 하던 시절, 기계 대신 사람의 손이, 가족과 동네 사람의 힘이 중요하던 때였다. 무엇보다 자연의 힘이 절대적이던 때였다.

와칸 계곡에서 만난 첫 마을 랑가르로 들어가는 입구는 마치 산골 마을로 들어가는 듯했다. 노랗게 물든 가로수길을 지나자 숲이 나왔다. 우람한 나무로 이뤄진 숲이 마을의 오랜 역사를 말해주는 듯했다. 랑가르는 물이 풍부한 곳이라 나무가 우거지고 사람들이 정착해 농사를 짓고 살 수 있는 곳이라고 아미타가 말했다.

동부의 험준한 곳에서는 뭐든지 부족했다. 상 위에 오른 계란 한 개, 빵 한 조각을 집을 때도 망설여졌었다. 생필품이 부족한 곳이라 내가 그것을 먹을 수 있기까지 어떤 고생이 따랐을지 보였기 때문이다. 그런데 한창 가을인 곳에 이르고 보니 내 마음도 푸근해진 탓일까? 와칸 계곡에서는 저녁상 앞에 앉는 마음이 좀 편해졌다. 사람들의 모습에서도 두둑한 배짱이 느껴졌다.

다시 여름, 서부 파미르

도시를 가로지르는 강, 따뜻한 햇살, 푸른 초목, 풍성한 채소와 과일, 수박과 멜론이 가득한 거리의 노점상, 부산히 움직이는 사람들……. 와칸 계곡을 떠나 파미르의 서쪽 도시 호르그에 도착하니 다시 여름이다. 싱그럽고 활기차다. 파미르 여행의 출발지, 키르기스스탄의 오쉬를 출발할 때 만난 여름의 반짝임이 떠올랐다.

호르그는 고르노바다흐샨(Gorno Badakhshan) 자치구의 수도로, 서부 파미르에서 가장 큰 도시다. 이곳도 여전히 해발 2,000m의 고산지대이지만 울창한 숲으로 둘러싸여 맑고 상쾌하다. 도시를 가로지르는 군트강이 시원스럽게 흐른다. 시내에는 사람이 많고 활기차다. 한층 밝아진 사람들의 옷차림에서 자유로운 분위기가 느껴진다. 세련되고 현대적인 여성들의 모습이 눈에 확 띈다. 무슬림 여인들이 주로 쓰는 무채색의 히잡 대신에 화려한 색깔과 문양의 스카프를 두르고 있는 여성이 많다. 우리에게 다가와 수줍게 인사하는 여학생들도 있다.

바자르에서 점심을 먹은 후 중앙 공원을 산책했다. 근처에 대학교가 있어서인지 공원에서 한가로이 시간을 보내는 청년들이 제법 많았다. 중앙아시아의 대도시 알마티, 비슈케크, 오쉬 그리고 호르그의 공통점은 아이들이 많다는 것이다. 거리를 걷다 보면

학교도 많이 눈에 띄고 단정하게 교복을 입은 아이들과도 자주 마주친다. 남자애들은 주로 흰 셔츠에 검은 바지를 입고 여자애들은 큰 리본을 머리에 매달고 다닌다. 한껏 꾸민 아이들의 모습이 귀엽다. 골목 공터에는 공놀이하며 이리저리 뛰어노는 아이들의 흙먼지가 산뜻하게 나풀거렸다.

이제는 탐험을 끝낸 것 같은 마음 때문일까, 다시 여름을 만났기 때문일까? 건물과 사람이 가득한 활기찬 도시를 산책하다 보니 마음이 절로 풀어졌다. 저녁에는 같은 숙소에 머무는 여행자들과 맥주를 마시며 느긋한 시간도 보냈다. 동부 파미르에서는 해발고도가 너무 높아 술을 마실 수도 없었거니와 날씨가 추워서 맥주에 대한 갈증이 없었지만, 이곳에서는 맥주의 시원한 맛을 즐기게 된다.

파미르는 강렬한 태양과 매서운 추위가 공존하는 곳이다. 파미르고원을 여행하면서 여름을 지나, 폭설이 한창인 겨울을 이겨내고, 가을을 만났다. 봄을 기다리며 씨앗을 뿌리는 사람도 만나고, 무성한 초록의 여름을 다시 만나기도 했다. 파미르에서는 하루에 사계절이 공존한다. 익숙한 계절 감각을 뒤흔드는 파미르에 가면, 그저 몸을 내맡기고 자연이 보여주는 찬란한 순간들을 만끽하면 된다.

파미르의 마음

"초콜릿을 먹은 여행자들이 여행하는 동안 달콤하고 행복한 일이 계속되기를 바라기 때문이야. 우리는 '노루즈'에 이미 달콤한 걸 먹으면서 행복을 빌었거든."

파미르의 전통 주택에서 차와 함께 초콜릿을 대접하던 주인의 말이다. 게스트하우스에서도 산에서 우연히 들른 유르트에서도 빠지지 않고 상 위에 오른 것이 달콤한 디저트이다. 따끈한 차 한 잔을 대접할 때도 사탕과 쿠키, 초콜릿을 함께 차려주었다. 하지만 그것들은 파미르에서 구하기 어려운, 먼 곳에서 온 귀한 것이다. 대도시의 시장에서 구입해 하루에 한 번 있을까 말까 한 대중교통이나 차를 타고 온 것이 틀림없는 간식을, 그들은 달라고 하지 않아도 아끼지 않고 듬뿍 차려주었다.

'노루즈'는 새해 아침을 즐기는 풍습을 일컫는다. 파미르에서는 춘분날인 3월 21일을 새해로 여기고 봄이 시작되는 것을 축하하고 이웃들과 즐거움을 나누는 풍습이 있다. 노루즈의 아침이 되면 추운 겨울을 보내고 밝은 새해를 맞는 기쁨을 담아 새해 아침상을 차린다. 이때도 사탕과 쿠키, 초콜릿은 빠지지 않는다. 일 년 동안 달콤하고 행복한 삶이 계속되기를 바라는 마음에서다. 파미르 사람들이 여행자들에게 달콤한 것을 나눠주는 것 또한 같은 이치였다. 행복하고 즐거운 삶을 다른 사람들과 나누는 것을 의미있게 생각하는 삶의 철학이 담겨 있었다.

조로아스터교를 숭상하던 페르시아 문화가 기반이었던 파미르는 8세기부터 이슬람교로 개종했지만, 이슬람 문화를 비롯한 다양한 문화가 공존한다. 타지키스탄의 황금기를 이끌었던 이스마일 소모니 왕 덕분이다. 그는 이슬람을 부흥시키면서도 페르시아 문화를 배척하지 않고 수용했다. 노루즈를 즐기는 것 역시 조로아스터교와 밀접한 페르시아 풍습의 흔적이다.

조로아스터교는 지구 최초의 윤리적 종교로 인간이 어떤 마음으로 살아야 할지를 고민한다. 세상을 선과 악의 이분법의 세계로 보면서 인간의 자유 의지로 선이 악을 물리칠 수 있다고 생각하는 종교이다. 선함을 유지하기 위해 세 가지 좋은 일인 '좋은 생각', '좋은 말', '좋은 행동'을 하고 살아야 한다고 강조한다. 선한 본성으로 인한 좋은 생각이 좋은 말을 낳고, 다른 이에게 건네는 좋은 말이 좋은 행동으로 이어져 악을 물리치는 무기가 된다고 여기는 것이다.

조로아스터교의 가르침을 따르는 사람은 자신의 육체적, 도덕적 상태를 보살펴 최고의 수준으로 끌어올리고 다른 사람들을 돕고 아낄 의무를 지닌다. 가능한 한 동물을 괴롭히지 않고, 식물과 나무가 잘 자라도록 북돋고, 땅을 갈아 기름지게 하며, 물과 불을 오염시키지 않는 것을 중요하게 생각한다.

조로아스터교의 이런 정신은 집에도 반영되어 있다. 그들에게 집은 그 자체로 우주의 상징이며 모스크를 대신하는 기도의 장소였다. 전통적인 파미르의 주택은 건물 중앙을 기준으로 네 벽이 바깥을 둘러싸고 있는데, 중앙 천장에 채광창이 있어서 햇빛이 들어온다. 채광창은 조로아스터교에서 중요하게 생각하는 '땅, 공기, 불, 물'을 소중히 지켜가려는 마음이 담겨있다. 잠자리에 누워 바라보는 하늘, 아침에 눈을 떠서 제일 먼저 맞이하는 하늘을 창으로 바라보며 자신의 의지를 다졌을지도 모른다.

처음 파미르에 발을 디디며 '세계의 지붕'이라 불릴 정도로 험난한 환경을 이겨내고 살아가는 사람들의 마음이 궁금했었다. 긴 겨울처럼 짙은 고독감, 외로움 속에서도 자신을 단단하게 지탱할 수 있었던 비결은 빛이나 공기, 물처럼 신이 언제나 자신과 함께한다는 믿음 때문이지 않았을까? 또한 선함을 중시하는 가르침과, 그에 따라 선하게 살아가는 이웃과 행복을 나누려는 마음이 혹독함을 이겨내게 하지 않았을까? 하루가 억겁의 시간처럼 느껴지는 파미르에서도 마음만은 따뜻했기에 그들은 꿋꿋하게 버틸 수 있었을 것이다.

آتشین لعل بدخشانیم ما

2

파미르의 여행자들

겹겹의 시간이 쌓인 파미르에는 역사적 지층의 두께만큼 무수한 떨림과 그로 인한 파장이 곳곳에 가득하다. 끝없이 흐르는 강물, 눈 쌓인 봉우리, 내가 걷는 길, 내가 머문 집, 따끈한 차 한 잔 대접하던 지친 아주머니의 미소, 어느 것 하나 예사롭지 않다. 어느 먼 훗날 이곳을 여행하는 사람에게도 지금의 이 떨림이 전해질까?

실크로드와 파미르

가늠할 수 없는 오랜 세월에 걸쳐 구도자와 상인들, 미지의 세계에 대한 호기심을 품은 이들의 발자국과 꿈이 스몄을, 꼬리에 꼬리를 문 낙타의 행렬이 장관이었을 실크로드. 중국 시안에서 출발한 여행자가 이스탄불이나 로마에 이르기 위해서는 반드시 파미르고원을 거쳐야 했다. 그렇지만 카라코람, 쿤룬, 티베트고원, 히말라야 등 7,000m가 넘는 봉우리가 줄을 잇는 파미르고원을 넘는 일은 쉬운 일이 아니었다. 시안을 떠난 지 13년 만에, 100명 중에 두 명만 살아왔다던 장건의 군대가 파미르를 넘어 서역을 개척한 이후에도 파미르고원은 오랫동안 두려움의 대상이었다. 파미르를 넘어 인도에 오갔던 여행자들이 남긴 기록은 파미르고원을 넘는 일이 만만치 않았음을 보여준다.

실크로드의 전성기, 몽골의 역참 제도

많은 사람이 파미르를 넘나들 수 있었던 것은 몽골이 실크로드를 장악한 13~14세기다. 몽골제국은 영역이 급속하게 팽창하자 신속한 물자의 수송을 위한 대규모 네트워크, '역참(jam)'을 만들었다. 하루에 이동할 수 있는 거리, 약 40km를 기점으로 역참을 만들어 사신들과 고위 관리들에게 숙박시설과 말, 수레 등의 교통편과 식량을 제공했다. 역참은 공무 또는 외국의 사신, 허가받은 사람을 위한 곳이었지만, 점차 이용이 확대되어 상인들도 이용할 수 있었다. 역참은 숙소를 제공할 뿐만 아니라 도적들로부터 보호하는 역할까지 했다. 자연재해로 특정 도로가 막히면, 그 지역을 우회한 곳에 역참을 만들어 교통과 통신망을 유지할 수 있게 했다.

역참은 실크로드에 혁신을 가져왔다. 역참이 생긴 이후로 예전과 비교가 되지 않을 정도로 먼 곳까지 여행할 수 있게 되었다. 동서교류가 더 쉽게 이루어졌다. 드물지만, 마르코 폴로 같은 이탈리아 상인들도 찾아왔다. 마르코 폴로는 그의 책 『동방견문록』에서 역참을 소개하고 있다. 역참은 도로 옆뿐 아니라 초원이나 사막에도 설치되어 있고, 아름답고 으리으리하며, 비단이나 사치품까지 갖추고 있다고 그는 묘사했다.

'세계의 지붕'이라 불리는 파미르고원은 한때 동서양을 잇는 심장과도 같았다. 우리의 기억 속에 시안이나, 이스탄불, 로마 등 큰 도시로만 기억되는 실크로드는 파미르고원을 통과할 수 있었기에 가능했다. 오래전 역참으로 인해 생겨난 파미르의 작은 마을 사리타쉬, 칼라쿨, 무르갑, 알리추르, 랑가르, 이시카심 덕분에 여행자들은 더 수월하게 파미르고원을 지날 수 있었다.

역참이 생겨나면서 상인들의 편의를 제공하는 숙박 시설이 주변에 생겨났다. 지금의 호텔이나 모텔과 비슷한 '카라반사라이(caravansary)'이다. 낙타나 나귀에 상품을 싣고 이동하는 상인들이 해가 지면 짐을 부리고 가축에게 먹이를 주며, 휴식하고 숙박할 수 있도록 하는 공간이었다. 카라반사라이는 흔히 이층 구조로, 아래층은 주로 가축들을 위한 공간, 이층은 사람들을 위한 공간이었다. 대상들이 쉴 수 있는 방은 수없이 많은 작은 방으로 나누어져 있었고, 침실과 주방은 물론이고 무슬림을 위한 기도 장소도 따로 있었다. 낙타 축사가 있는 곳도 있었다. 대상들은 이곳에서 피로도 풀었으며 각지에서 보고 들은 정보를 나누고 상품도 거래했다. 카라반사라이는 먼 길을 오가는 상인들에게 아주 유용한 편의시설이었다. 하지만 15세기 이후 대항해시대가 열려 해상 실크로드가 발달하면서 육상 실크로드는 쇠퇴했다. 실크로드를 잇던 작은 마을은 역사 속에 묻혔다. 파미르고원 역시 오랫동안 잊힌 길이 되었다.

파미르 하이웨이, 실크로드의 새로운 탄생

파미르고원 길이 새롭게 떠오른 것은 '그레이트 게임(The Great Game)'으로 알려진 영국과 러시아의 지정학적 대결 때문이다. 19세기 후반 인도를 지배하던 영국군은 아프가니스탄을 거쳐 북아시아로 진격했고, 러시아군은 지금의 카자흐스탄, 키르기스스탄, 우즈베키스탄, 타지키스탄을 장악하며 남쪽으로 향했다. 또한 러시아는 중앙아시아의 지배력 강화와 아프간 침공을 위한 보급로 확보를 목적으로 파미르에 도로를 건설했다. 한때 실크로드를 오가는 대상들의 길을 군사적인 목적으로 새롭게 건설한 것이다. 그렇게 해서 '파미르 하이웨이'라 불리는 M41 도로가 탄생했다.

파미르 하이웨이는 파미르고원을 넘는 유일한 길이다. 키르기스스탄의 오쉬(Osh)에서 타지키스탄의 두샨베(Dushanbe)까지 이어지는 약 1,200km 길이의 도로다. 하지만 '하이웨이'라는 말처럼 쉽게 갈 수 있는 길이 아니다. '하이웨이'는 '하늘처럼 높은 길'이라는 뜻이다. 대부분 포장도 되지 않은 험한 길이어서 낙석, 지반 침하, 폭우, 폭설 같은 악조건이 도사리고 있다.

군사적 목적으로 건설된 파미르 하이웨이는 오랫동안 외국인에게 개방되지 않았다. 파미르 하이웨이가 개방된 것은 1991년 중앙아시아 내 '스탄' 국가들이 독립하면서부터다. 그 후 파미르 하이웨이는 주로 무역로로 이용되었다. 중앙아시아와 중국 사이에 대규모 화물이 오가면서 도로가 개발되고 주변 지역이 발전했다. 모험을 즐기는 여행자에게도 개방되었다. 오래전 구도자들과 대상들이 넘었던 길을 지금은 파미르에서 삶을 이어가는 원주민과 여행자들이 이용한다. 하지만 여전히 파미르 하이웨이를 통해 여행하기는 만만치 않다. 봄 해빙기에는 눈 녹은 물이 홍수를 이루고, 10월이 되면 눈에 길이 막혀서 여행하기가 어렵다.

별과 낙타의 시간

오래전 실크로드 대상들이 다녔던 시기는 그야말로 '별과 낙타의 시간'이다. 지금은 자동차가 다니는 넓은 길이지만, 실크로드 대상들이 다니던 시절에는 겨우 낙타무리가 지나다닐 정도였다. 파미르를 넘는 낙타는 일반적으로 두 개의 혹이 있는 박트리아 낙타였다. 낙타는 다른 동물과 달리 추운 대초원과 척박한 사막을 견디며 물 없이 일주일, 음식 없이 한 달을 보낼 수 있다. 실크로드 대상들은 일반적으로 5~12마리의 낙타를 머리에서 꼬리까지 밧줄로 묶어 한 줄로 길게 늘어서서 행진했다. 숙영지에 도착하면 낙타를 행진하던 순서로 앉히고 짐을 풀어 한 줄로 정돈해 다음 날 출발할 때 얽히지 않도록 했다.

대상의 우두머리 뒤로 한 줄로 길게 대열을 이루며 걸었을 낙타의 무리를 상상해 보았다. 등짐을 잔뜩 진 낙타들이 꼬리에 꼬리를 물고 한 줄로 길게 늘어서서 행진하는 모습, 길 아래로 스며들었을 구도자와 상인들의 발자국, 낙타 발자국 틈으로 두런두런 이야기를 나누며 걸었을 이들의 모습이 영화의 한 장면처럼 돌아갔다. 그들은 걷고, 걷고, 또 걷는 외로운 시간을 보내었을 것이다.

실로 다양한 사람들이 파미르에 오갔다. 미지의 세계에 대한 호기심과 모험심으로 떠난 이들, 혹은 심오한 종교나 학문을 구하기 위해 떠난 사람들, 아름다운 물품을 구하기 위해 떠난 사람들. 가족의 생계나 종교적인 신념을 위해 목숨까지 담보하고 떠났을 사람들도 있었을 것이다. 한 번 집을 나서면 길게는 10년도 넘는 긴 세월을 길 위에서 보낸 상인도 있었다.

"당신의 아내가 되느니, 차라리 개나 돼지의 아내가 되는 게 낫겠어요."라는 넋두리가 담긴 편지를 썼다던, 먼 서쪽으로 장사를 떠나서 돌아오지 않는 남편을 기다렸던 한스러운 여인의 이야기가 떠오른다. 어쩌면 실크로드를 따라 떠났다가 돌아오지 않은 사람, 돌아오지 못 한 사람, 흔적 없이 사라진 사람도 많았을 것이다. 먼 곳으로 사랑하는 이를 보내고 마른 한숨을 들이켰을 여인의, 또 그 자손의 한숨도 바람에 실려 파미르로 갔을 것이다.

실크로드의 상인들은 비록 이익을 얻기 위해 길을 떠났지만, 그들은 그 어떤 영웅보다 더 빛나는 활약을 한 실크로드의 주인공들이었다. 그들은 그저 물품만 교역했던 것이 아니다. 그들이 가지고 오간 물품에는 물품 그 이상의 의미가 담겨 있었다. 그들이 가지고 오간 물품에는 한 민족의 생활양식과 사고방식 등 문화와 문명의 모든 것이 담겨 있었다. 하나의 물품이 교류됨으로써 사회의 생활과 생각들도 변하게 했다.

구도자와 여행자들의 와칸 계곡

낙타의 시간 속으로 걸어간 이들이 있다. 바로 혜초, 현장, 법현, 고선지 장군, 마르코 폴로 같은 이들이다. 이들은 와칸 계곡(Wakhan Valley)을 여행하고 기록으로 남긴 사람들이다. 와칸 계곡이 있는 바다흐샨 지역은 아프가니스탄 북동부와 타지키스탄 남동부에 위치한 역사적 지역이다. 파미르고원, 힌두쿠시산맥과 접하는 지정학적 위치로 고대부터 동아시아, 남아시아, 중앙아시아에 오가는 여행자들이 이용하던 실크로드의 주요 교차로였다. 중국과 지금의 아프가니스탄 지역과 인도, 이란을 잇는 최단 코스이기도 했다. 그런 이유로 현장이나 혜초 같은 당나라의 고승들이 인도에 구법 활동을 위해 지나간 길이었으며, 여기저기에 남아 있는 불교 사리탑, 요새의 폐허가 오래전의 과거를 상상할 수 있게 한다.

구도자로서 파미르를 넘은 기록을 남긴 대표적인 이로는 신라의 승려 혜초가 있다. 그는 723년 중국 명주(明州, 지금의 닝보)에서 출발해 727년 장안(長安, 지금의 시안)으로 돌아왔다. 그의 여정은 정확하지 않다. 하지만 파미르고원을 여행한 흔적이 『왕오천축국전』(정수일 번역)에 기록되어 있다. 그는 와칸 계곡을 지나며 "산골짜기에 살아 집이 협소하고 가난한 백성이 많다", "승려도 있고 절도 있어 불교가 행해진다"라는 기록과 함께 험난한 파미르를 넘어야 하는 어려움을 한시로 남겼다. 눈보라, 차가운 날씨, 강물도 얼어붙는 매서운 바람을 맞은 어려움이 시로 나타나 있다.

> 차디찬 눈이 얼어서 얼음으로 변하고
> 찬바람은 땅이 갈라져라 매섭게 부는구나.
> 드넓은 호수는 얼어붙어 융단을 깔아놓은 듯하고
> 강물은 제멋대로 벼랑을 갉아먹는구나.
>
> 용문엔 폭포수마저 얼어 물길이 끊기고
> 우물 테두리는 도사린 뱀처럼 얼어붙었구나.
> 불을 벗 삼아 서서히 산을 오르며 노래를 읊조린다마는
> 과연 저 파미르를 어떻게 넘을 수 있을는지
> -『왕오천축국전』(정수일 번역)

이 밖에도 중국 승려로는 최초로 파미르고원을 넘어 서역 지방을 여행한 중국 동진 때의 승려 법현(338~422)은 『법현전』에서 "길은 험하고, 바위투성이며, 깎아지른 절벽을 따라 나 있다. 이 바위 절벽이 천 길 높이로 서 있어서 눈이 가물거리고, 앞으로 나아가고자 발 디딜 곳이 없다"라고 남겼다. 파미르를 넘어 인도에 오갔던 구도자들의 기록은 파미르고원을 넘는 일이 만만치 않았음을 보여준다.

파미르에 발자취를 남긴 이 중에는 고구려의 유민 고선지 장군도 있다. 당나라의 힘이 파미르고원을 넘어 서역까지 미치던 시절이었다. 고선지는 고구려가 멸망한 후에 당나라에 건너가 장수가 되었다. 747년 중국을 위협하는 토번을 정벌하기 위해 원정에 나선 그는 파미르를 넘어 그 당시 와칸 지역을 통치하던 이시카심성을 함락했다. 이후 토번을 정벌한 그의 원정군은 힌두쿠시를 넘어 파키스탄 훈자, 길기트까지 점령하고 72개 주변 소국의 항복을 받았다. 그가 서역의 총책임자가 되어 파미르를 호령하면서 당나라는 실크로드를 장악해 중앙아시아의 패권을 잡았다. 하지만, 파미르 원정 4년 후 키르기스스탄 탈라스 평원에서 이슬람 제국에 패함으로써 중국의 영향력은 약화되고, 아랍의 영향력이 확대되어 중앙아시아는 이슬람 세계가 형성된다. 파미르도 이슬람 세계의 영향력에 접어들었다.

> "보칸(Vocan, 지금의 와칸)이라 불리는 사방이 사흘거리 밖에 되지 않는, 그리 크지 않은 지방에 도착했다."
> "그곳 사람들은 마호메트를 신봉하고 나름의 언어를 갖고 있으며 내로라하는 전사들이다."

『동방견문록』에 묘사된 와칸 지역 이야기다. 마르코 폴로 역시 이 길을 지나갔을 것으로 추정하는데, 그의 여행 기간은 무려 17년이었다. 1271년에 베네치아에서 출발한 그는 여행을 마친 후 1295년에 고향으로 돌아갔다. 베네치아를 출발해 현재의 터키 동부를 지나 이란 남쪽에 도착했다. 해로를 이용해 중국으로 갈 예정이었으나 위험하여 육로를 택했다. 이란의 사막을 통과해 아프가니스탄을 지나 파미르의 와칸 지역에 도달했다. 그곳에서 1년간 머문 뒤, 파미르를 넘어 중국으로 향했다.

오랜 세월 후에 고향에 돌아온 그는 베네치아와 제노바 사이에서 벌어진 전쟁에 휘말려 포로로 잡혀 제노바의 감옥에 투옥된다. 거기서 피사 출신의 루스티켈로라는 사람을 만나 자신의 여행 이야기를 구술했다. 그리고 그의 구술을 바탕으로 기록한 책이 『동방견문록』이다. 파미르에서는 야생 양을 '마르코폴로'라고 부르며 그를 기억한다. 지금도 사람들은 마르코폴로의 뿔을 신성하게 여겨서 집의 담벼락이나 사당, 박물관 등 중요한 곳에 장식하고 있다.

유일한 불교 유적지, 브랑(Vrang) 마을

"이름이 뭐예요?"
"응, 나는 진이야. 너는?"
"나는 라울이에요. 우리 마을에는 멋진 탑이 있거든요. 그곳에 안내해 드릴까요? 제가 길을 잘 알아요."

인도에서 파미르를 거쳐 불교가 전해졌으니 파미르에도 한때 불교 인구가 번성했을 것이다. 하지만 이슬람이 전해진 후 불교는 자취를 감추었다. 파미르에서 불교 유적지가 남아 있는 유일한 곳이 브랑 마을이다. 브랑 마을 입구에 도착했을 때였다. 여행자들이 현지의 아이들에게 이름과 나이를 물어보듯이, 겨우 초등학교 2학년 정도로 보이는 남자애가 먼저 말을 걸어왔다. 조금은 당돌하고, 당당한 눈빛의 아이는 우리를 마치 동년배를 대하듯 했다.

그 애가 우리에게 말을 거는 사이, 어디선가 아이들이 떼를 지어 나타났다. 아이들의 품새로 보아 여행자들이 이 마을을 많이 거쳐 갔다는 것을 알 수 있었다. 아이들은 불교 유적지로 우리를 안내했다. 아이들이 앞장서고 우리가 그 뒤를 따랐다. 동네를 가로질러 뒷산으로 가야 했다. 수확이 끝난 마을 앞 들판에는 농부들이 한창 감자를 심고 있었다. 우리가 졸랑졸랑 논둑길을 걸어가자 마을 사람들이 인사를 해왔다. 아마도 여행자들이 이 마을을

찾으면 안내자는 아이들의 몫이었던 듯, 우리를 이끌고 마을 뒤쪽으로 가는 모습을 마을 사람들은 무심히 대했다.

일곱 살인 라울과 아홉 살인 삼스. 그 애들은 정말 잘 걸었다. 나이 어린 라울이 삼스보다 더 어른스러웠다. 학교에서는 국어와 러시아어, 영어, 수학을 공부한다고 했다. 살아가는데 딱 필요한 것만 배우는 모양이다. 라울은 축구를, 삼스는 복싱을 좋아한다고 했다. 유도를 할 줄 아냐는 동행인의 말에 삼스는 자세를 취하기에 바빴다. 유도, 쿵푸 등 모든 운동을 좋아한다고 했다.

"파미르에서도 불교 유적지가 있는 곳은 명당자리네."

불교 유적지가 있는 곳은 브랑 마을의 뒤쪽 높은 절벽이었다. 그곳에서 내려다보는 풍경이 멋졌다. 마을 입구의 오래된 고목이 이루는 가로수, 한창 수확 중인 들판의 농부들, 여러 갈래로 흐르는 판지강, 강 너머 아프가니스탄, 그리고 그 위로 힌두쿠시의 봉우리들이 위용을 자랑하며 솟아 있었다.

절벽 위에는 4세기경으로 추정되는 허물어진 사리탑이 있었다. 많이 훼손되어 말해주지 않으면 불교 유적지인지 알 수 없을 지경이었다. 부처의 발자국을 상징하는 돌, 해시계, 승려들이 거주하며 공부하던 동굴, 무덤 등이 있었다. 애석하게도 이것들이 파미르에 남아 있는 불교 유적의 전부다.

스님들이 거주하던 곳이라고 알려진 동굴에 이르자 또 다른 꼬마가 나타났다. 기념품을 판매하는 아이였다. 기념품이 잔뜩 든 큰 자루를 둘러메고 왔다. 라울은 마치 자신의 물건이라도 판매하는 것처럼 그 애의 물건을 우리에게 소개하며 사라고 권했다. 마을에는 작은 박물관도 있었다. 라울은 그곳도 안내했다.

박물관은 문이 잠겨 있었는데, 라울은 박물관 관리인 아저씨에게 문을 열어달라고 졸랐다. 아저씨는 볼 것도 없는 박물관이라며 귀찮은 표정으로 문을 열어주지 않았지만, 동네 꼬마들의 성화에 결국은 문을 열었다. 박물관은 11세기 수피교 신비주의자이자 시인인 오소르코나이 압둘로 안소리(Osorkhonai Abdullo Ansori)를 기리는 곳이었다. 그는 아프가니스탄의 헤라트 지역 출신으로 웅변술로 유명했고, 중앙아시아 전역을 여행하고 법학에 대해 강의했다고 하는데, 박물관은 다소 초라했다. 야생 양 마르코폴로의 머리와 뿔, 몇몇 조각작품이 전시된 볼품없는 박물관이었지만, 라울은 조금이라도 더 안내하려고 애를 썼다.

브랑 마을을 찾아드는 여행자들을 보며 라울과 삼스는 어떤 삶을 꿈꿀까? 그 애들은 이곳에서 삶을 이어갈까, 아니면 도시로 또 다른 나라로 떠나갈까? 유목의 삶과 정주의 삶이 뒤섞인 파미르에 사는 아이들의 미래를 생각해본다. 아주 오래전 이곳을 거쳐 다른 나라로 갔던 실크로드 여행자들처럼 이 아이들도 언젠가는 떠나게 될까?

중학교 때 나는 오스트리아 남학생과 펜팔을 했다. 거의 6년간이나 지속된 펜팔이었다. 그 애가 보내준 엽서를 보며 언젠가는 먼 오스트리아로 여행가겠다고 마음먹기도 했다. 어쩌면 세계를 떠돌고 있는 내 여행도 그 애에게 빚진 것이라고 생각하는데, 라울이나 삼스도 이 마을을 찾아드는 여행자들을 보며 새로운 세상을 꿈꾸는 것일까? 라울과 삼스의 미래를 응원하며 브랑 마을을 벗어났다.

실크로드의 요새

"BC 3세기경의 요새도 남아있는데 가 보실래요?"

브랑 마을의 불교 유적지를 떠날 때 아미타는 우리에게 또 다른 유적지에 대해 말했다. 와칸 계곡에서 가장 오래되고 규모가 컸다는 얌춘 요새(Yamchun Fortress)이다. 요새의 위치는 완벽했다. 눈 덮인 장엄한 아프간 산봉우리를 배경으로 광대한 계곡 위에 솟아있는 천혜의 요새였다. 장엄한 건축물이었을 요새는 오랜 세월에 의해 무너지고 폐허가 되었지만, 이야기로만 전해지는 실크로드의 시대를 상상할 수 있을 것만 같았다. 성벽 위로는 하늘만 빛나고 있었다. 판지강 저편으로는 멀리 힌두쿠시산맥만이 여전히 위용을 자랑하고 있었다.

얌춘 요새는 와칸 계곡을 가로지르는 상인들이 물품을 안전하게 운반할 수 있도록, 약탈자로부터 상인을 보호하고 이웃 마을의 습격으로부터 보호하려는 방어의 목적으로 지어졌다. 해발 3,000m 높이에 자리 잡은 위치 덕분에 전략적 우위를 유지하면서 위쪽으로 후퇴할 수 있는 최적화된 방어기지였다. 그 덕분에 실크로드의 물류와 대상들의 이동을 보호하고 통제하는 역할을 했다.

얌춘 요새는 '이교도의 요새(Kafir-Kala)' 또는 '불의 숭배자의 성(Zamr-i-atish-para)'으로 불리기도 한다. 요새는 길이가 최대 950m, 너비가 최대 400m인 이중벽으로 둘러싸여 있다. 한때 40개의 탑이 있었고, 내부에는 '꺼지지 않는 불'을 숭상했던 조로아스터교 사원이 있었던 것으로 추정한다. 요새에서 3km 정도 위쪽으로 올라가면 비비 파티마 온천이 있다. 그곳의 뜨거운 온천물을 요새로까지 끌어들여 사용했다고도 한다.

얌춘 요새가 있는 곳은 그리 풍요로운 지역이 아니다. 그러나 역사 속에서는 이곳을 차지하기 위해 당나라에서는 고선지 장군을 보냈고, 알렉산더 대왕의 동방 원정군이 여기까지 이르렀고, 마케도니아, 토번국(지금의 티벳)까지도 이곳을 넘보았다. 왜 그렇게까지 많은 민족이 넘보았을까? 지금은 황량한 곳이지만, 어쩌면 그때는 중요한 의미를 띤 곳이었던 모양이다.

이시카심을 지나면 또 하나의 요새를 만난다. 하하 요새(Kha-kha Fortress)이다. 요새의 입구에는 이곳이 '아프가니스탄과 타지키스탄을 가로지르는 험준한 지역인, 고대 와칸 지역을 통치한 검은 옷을 입은 사람들, 조로아스터교 숭배자들이 침략자들로부터 방어하기 위한 목적으로 건설한 요새'라는 것을 알려주는 안내판이 서 있다. 이곳의 역사 역시 5,000년이 넘는다. 아마도 그 당시에는 요새가 필요할 정도로 무역이 활발했을 것이다. 와칸 회랑을 따라 중국에서 아프가니스탄과 인도로 향하는 대상을 지켜주던 요새는 7세기에 아랍이 중앙아시아를 정복하면서 쇠락하기 시작했다.

하하 요새 역시 허물어진 폐허로만 남아있지만, 얌춘 요새와 달리 여전히 살아 숨 쉬는 요새이기도 하다. 오래전 실크로드의 상인들을 위해 경계를 섰을 이곳에는 타지크 국경 경비병들이 경계를 서고 있었다. 강 건너 아프가니스탄이 위치하고 있기 때문이다. 초소 바로 아래로 흐르는 판지 강 너머는 아프간 카지데(Qazi Deh) 마을이다. 판지 강 유역은 강폭이 좁아서 마음만 먹으면 언제고 넘나들 수 있을 것 같았다. 하하 요새에서 보는 아프가니스탄의 풍경은 놀라웠다. 처음으로 넓게 펼쳐진 아프가니스탄의 들녘을 내려다보는 시간이었다. 이미 추수가 끝난 들판에 남겨진 밀짚이 풍요로워 보이기까지 했다. 군인들은 우리에게 아프가니스탄 쪽 사진은 찍어도 되지만 타지키스탄 쪽은 찍으면 안 된다고 했다.

하하 요새에서 내려오니 입구에는 그새 기념품 상점이 열려 있었다. 깜짝 놀랐다. 올라갈 때만 해도 보지 못했던 기념품 상점이었다. 상점 주인아저씨가 멀리서 우리를 보고 자전거로 부리나케 달려온 것이다. 평소 문이 닫혀 있다가 여행자가 나타나면 연다고 한다. 아저씨는 스카프를 이용해 터번을 만드는 법을 가르쳐주었다. 터번 모양은 아프간 스타일, 타지크 스타일 등 민족에 따라 조금씩 달랐다.

간간이 마을이 이어졌다. 한때는 실크로드로 융성했을 마을이지만, 길 주변으로는 무너져가는 집이 보였다. 그들은 어떤 사연으로 이곳을 떠났을까? 타지키스탄 내전 당시에 이곳을 떠난 것일까, 먹을 것이 풍족하지 않아서일까? 아니면 새로운 꿈을 안고 떠났을까? 아프간 국경에서 느낀 삼엄함 때문인지 생각이 꼬리에 꼬리를 물었다.

100년 전의 여행자

오슬로의 헌책방에서 우연히 덴마크 여행가 올룹슨(O. Olufsen)의 여행기를 발견했다. 그는 유럽인으로서는 최초로 파미르를 여행했다. 1896~1897, 1898~1899년 두 차례에 걸쳐 파미르를 여행한 그는 『파미르 여행』, 『미지의 파미르 - 두 번째 파미르 탐험기』를 비롯한 몇 권의 책을 펴냈다. 100년도 더 된 여행 기록을 접하며 설레었다. 기차로 또는 버스로, 항공으로 편하게 이동하는 요즘에도 파미르 여행은 쉽지 않은데, 100년 전의 그는 어떻게 여행했을지 궁금했다.

오쉬에서 출발해 파미르를 넘어 두샨베에 도착한 후 사마르칸트로 이동한 나의 여정처럼 그 역시 같은 코스로 여행했다. 하지만 여행 여건은 지금과 확연히 달랐다. 그가 남긴 흑백사진 속 파미르의 모습, 사람들의 복장, 이동 수단도 달랐다. 마치 오래전 실크로드 대상들이 파미르를 넘기 위해 상단을 조직했듯이 그도 탐험대를 꾸렸다. 적게는 일곱 명, 많게는 열네 명에 이르는 탐험대였다. 실크로드 대상들이 시안에서부터 이스탄불에 이르는 전 구간을 함께 이동하지 않았듯이, 그도 여행하는 도중에 그 지역에서 여행을 도와줄 사람을 구해 새롭게 탐험대를 꾸려가며 이동했다. 출발지 오쉬에서 도와줄 사람을 먼저 구한 다음, 여행 도중 파미르고원에서 키르기스 원주민, 파미르 계곡에서 타지크 원주민들을 탐험대의 일원으로 충원했다. 쿠르드어와 타지크어 통역사도 함께했다.

그의 첫 파미르 여행은 1896년 3월 25일에 시작되어 1897년 3월 1일에 끝났다. 꼬박 일 년이 걸렸다. 1937년에 오쉬와 호르그를 잇는 파미르 하이웨이가 완공되었으니, 그 옛날 실크로드 길을 따라 여행한 셈이다. 그때만 해도 낙석, 산사태, 눈사태, 폭포, 홍수로 인해 길은 종종 흔적을 찾을 수 없을 정도로 엉망이 되었고, 말 한 마리 지나가기 어려울 때도 있었다고 한다. 그가 얼마나 어렵게 여행했을지 상상되었다.

그가 파미르 여행을 시작하기 위해 오쉬에 이르는 길만 해도 만만하지 않았다. 그는 고향 코펜하겐에서 상트페테르부르크를 거쳐 모스크바를 지나 지금의 조지아 트빌리시, 아제르바이잔 바쿠를 지났다. 증기선으로 카스피해를 건넌 후 열차로 부하라와 사마르칸트에 이르렀다. 그곳에서 타슈켄트, 호잔드(Khojend), 코칸트(Kokand)를 지나서야 페르가나 계곡의 오쉬에 이른다. 그가 본격적으로 파미르고원을 밟게 된 것은 고향 코펜하겐에서 출발한 지 3개월 만이다.

그가 준비한 여행 물품은 엄청났다. 천문 반사경, 수평계, 항해용 정밀 시계, 경도와 위도 측정 장비, 공기의 전기적 장력 및 호수의 깊이를 잴 수 있는 각종 측정 기구, 나침반, 기압계, 만보계, 축음기, 고급 카메라 장비, 다양한 종류의 온도계, 지온 측정기, 이슬점 측정기, 우량계, 몇 가지 총, 사냥 도구, 게임 도구, 휴대용 5인승 보트, 대형 텐트, 12개의 짐 박스, 식물도감, 동물도감, 구급상자, 낚시용 그물과 폴대, 랜턴, 1,500개의 양초, 말발굽, 모기장, 모기 헬멧, 휴대용 오븐, 저장 음식, 초콜릿, 커피, 비스킷, 요리책, 깃발, 필기도구, 각종 책을 덴마크에서부터 챙겨왔다.

오쉬에서 구입한 것도 있었다. 말과 마구 일체, 펠트 러그, 각종 끈과 가죽, 털 망토, 침구류, 그리고 말린 빵, 밥, 밀가루, 소금, 향신료, 차, 황동 주전자 등을 구입했고, 키르기스 유목민에게서 몇 마리의 가축도 구입했다. 여행 도중 러시아 군 주둔지가 있던 무르갑에서는 군대의 도움을 받아 부족한 식량을 더 구하기도 했다. 그가 준비한 장비는 나로서는 상상하지도 못한 것들이었는데, 그의 여행이 탐험가로서의 면모를 지닌 여행이라는 것을 알 수 있었다. 그 당시만 해도 파미르는 러시아의 영토여서 파미르 여행을 쉽게 할 수 없었다. 그는 파미르를 여행할 수 있었던 첫 유럽인이었다. 그래서인지 파미르 여행을 허락하고 도와준 러시아에 대한 감사의 말을 특별히 서문에 써 두고 있었다.

그는 파미르의 남쪽 지역인 와칸 계곡을 지날 때의 어려움을 특히 잘 묘사했다. 무수한 산과 급류, 넘지 못한 빙하, 폭우와 눈폭풍, 험준한 알라이 산맥, 때때로 만난 강한 강풍을 동반한 추위, 영하 30도까지 내려가는 기온, 황량한 설원의 텐트에서 지낸 힘든 밤의 묘사가 실감 났다. 지금도 여행하기 힘든 지역인 와칸 계곡의 오래전 모습을 상상할 수 있는 좋은 자료였다.

그는 주로 파미르에서 기상학, 식물학, 동물학, 언어학, 인류학적 자료를 모으고 분석하는 데 시간을 썼다. 그리고 그 결과를 다수의 책으로 남겼다. 그가 남긴 자료들을 보면 우리의 파미르 여행이 그에게서 빚지고 있다는 생각이 들었다. 올룹슨의 여행기를 읽으며 내가 발 디딘 파미르에 스며들었을 사람들의 가벼운 한숨과 꿈, 열망의 흔적들을 생각하게 되었다. 짐을 가득 실은 낙타와 야크 무리, 설원의 텐트, 그 위를 비추었을 수많은 별, 고원을 가로질렀을 바람, 걷고 또 걷는 외로운 시간……. 그가 걷던 파미르

의 하늘을 비추던 별은 여전히 우리들의 길을 비추고 있다. 100년 전의 여행자 올룹슨의 파미르는 지금과 크게 다를 테지만, 미지의 세계에 대한 가벼운 호기심과 두려움, 그리고 여행 동반자들에게 느낀 동지애는 비슷하지 않았을까?

위도와 경도의 교차점을 찾아 여행을 떠나는 한 친구가 있다. 나도 그의 여행에 몇 번 동행했다. 치앙마이의 밀림, 보스포루스 해안, 우리나라 남해안의 작은 마을을 함께 여행하고 기록을 공유했다. 여행 동호회 사이트에는 똑같은 여행지에 대한 기록이 겹겹이 쌓여가고 있었다. 일 년 전, 이 년 전, 십 년 전의 여행 기록이 쌓인 자료가 그 지역의 역사를 보여주고 있는 것 같아서 가슴 벅찼다. 올룹슨의 여행기를 읽으며 그때와 같은 감흥을 느꼈다. 지금 이 책도 백 년 후 파미르를 찾는 누군가에게 특별한 선물이 될까?

De danske Pamir-Ekspeditioners Rejseruter 1896 og 1898—99.

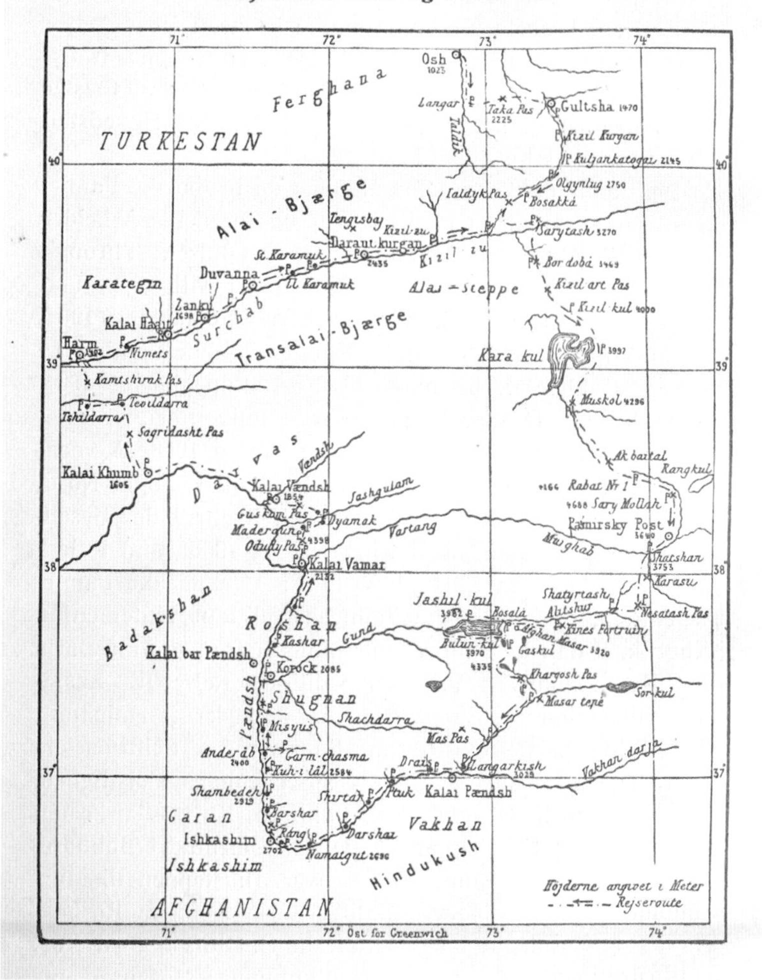

실크로드의 도시, 오쉬를 걷다

장안과 로마 사이를 왕래한 대상들이 그 먼 길을 한꺼번에 오간 것은 아니다. 대상들은 마치 이어달리기하듯 도시에서 도시로, 동양과 서양의 물품을 전했다. 실크로드 교역에서 큰 역할을 한 상인은 소그드인이다. 그들이 중국의 장안에서 비단을 사서 타림 분지와 파미르고원을 지나서 오쉬까지 운반하면, 오쉬의 상인이 사마르칸트까지 비단을 운반해 아랍 상인에게 넘겼을 것이다. 사마르칸트에서 비단을 산 아랍 상인은 바그다드를 거쳐 콘스탄티노플에 도착하고, 베네치아 상인이 바닷길로 유럽에 실어 나르거나 알렉산드리아로 가져갔을 것이다. 혹은 중앙아시아의 오아시스 도시국가를 거쳐 카스피해와 흑해 연안까지 가면 그곳의 상인이 지중해의 도시들로 가져가기도 했을 것이다. 이어달리기식 교역 방식 덕분에 실크로드는 도시의 발전을 가져왔다. 파미르 여행의 출발지 오쉬 역시 실크로드로 인해 발전한 도시다.

오쉬는 8세기부터 역사서에 등장하기 시작한다. 실크로드의 교차로에 있어서 실크 생산의 중요한 중심지이자 무역의 중심지 역할을 했다. 오쉬의 바자르(시장)는 중앙아시아에서 가장 오래되고 아름다운 곳 중 하나다. 서쪽 악부라(Ak-Bura) 강둑을 따라 수 킬로미터 뻗어 있는 바자르는 오쉬가 실크로드의 중심지가 된 이후 지금까지 2천 년 넘게 이어져 오고 있다. 실크로드 대상들은 중국의 비단, 타지키스탄의 광물, 인도의 설탕과 염료, 이란의 은제품 등을 교역했다. 지금도 키르기스스탄 전역에서뿐만 아니라 중국, 우즈베키스탄, 타지키스탄의 무역상들이 오쉬의 바자르로 모여든다.

오쉬의 바자르에서 오래전 페르시아에서 건너왔다는, 알알이 붉은 석류 주스 한 모금을 맛보았다. 그 옛날 실크로드를 오가던 상인들이 이곳에 모여들었을 때를 상상해보았다. 이글거리던 태양의 기세가 한풀 꺾이고 바람도 제법 선선해진 날, 파미르고원을 넘어온 상인들이 국제도시 바자르로 끝도 없이 몰려왔을 것이다. 피부색, 얼굴 모습, 의복, 사용하는 언어도 제각각인 상인들. 그들은 자기 나라에서 유행하는 물품을 가져와 화려하게 진열했을 것이다. 시장 어디쯤엔 이들의 물품이 가득 쌓인 창고도 있었을 것이다. 소그드 상인의 창고가 중국 안에만 수천 개 있었다고 했으니 오쉬의 바자르에도 마찬가지 아니었을까. 다양한 사람, 언어, 물품이 한데 뒤섞여 시끌벅적했을 바자르의 좁은 골목. 지금 내가 걷고 있는 이 어딘가를 실크로드를 주름잡았던 소그드 상인이나 아랍 상인도 걸었을 것이다.

대상들이 묵었던 카라반사라이는 어디쯤 있었을까? 아제르바이잔과 이란을 여행하며 카라반사라이를 호텔로 개조한 곳에 묵은 적이 있다. 2층 규모로 된 옛 카라반사라이 건물은 어마어마한 규모였다. 사막에 우뚝 솟은 성채였다. 중앙 뜰을 중심으로 가축 우리와 물품 저장고로 사용하던 1층, 대상들이 묵었던 2층을 개조한 호텔은 요즘의 호텔과는 비교도 할 수 정도로 큰 규모였다. 카라반사라이에 한꺼번에 묵었을 대상의 규모가 얼마나 컸을지 상상할 수 있었다. 지금은 흔적도 없이 사라졌지만, 오쉬의 카라반사라이 역시 이와 비슷한 모습은 아니었을까?

실크로드의 후손

> "동행 구함. 오쉬에서 무르갑까지 두 명, 오쉬에서 사리타쉬까지 한 명 ……."

오래전 실크로드를 넘나들던 대상들이 묵어가던 카라반사라이와 기능 면에서 같은 곳을 찾았다. 파미르 여행을 주선하는 오쉬 게스트하우스(Osh Guesthouse)이다. 여행자들이 드나드는 게스트하우스의 여행 게시판에는 파미르 여행 정보와 관련된 내용이 빼곡했다.

실크로드 대상들이 카라반사라이에 머물며 험난한 파미르고원을 넘을 준비를 했던 것처럼, 이 시대의 여행자들도 게스트하우스에 머물면서 동행을 구하고, 여행 일정을 조율하며 파미르 여행을 준비한다. 대상들이 파미르고원을 넘는 두려움을 같은 처지의 여행자들과 나누면서 마음을 다독였던 것처럼 여행자들은 이곳을 베이스캠프 삼는다.

파미르 하이웨이 여행자 중에는 현지인이 이용하는 미니버스인 마슈르카를 이용하기도 한다. 하지만 마슈르카는 파미르고원 초입 마을 사리모굴까지만 간다. 사리모굴에서 국경을 넘어 타지키스탄으로 가려면 또다시 차량을 구해야 하는 어려움이 있어서 파미르 여행을 주선하는 업체를 통해 오쉬에서 두샨베까지 가는 차량을 구하면 편리하다. 오쉬 게스트하우스는 이러한 일을 도맡는 대표적인 곳이다.

10년의 역사를 지녔다는 오쉬 게스트하우스의 주인장은 무슬림이다. 그는 키르기스스탄 남자들이 주로 쓰는 전통 모자 '칼팍' 대신에 무슬림을 나타내는 흰 모자를 쓰고 있었다. 어눌한 영어로 이것저것 물어보는 우리에게 그는 친절하게 안내했다. 그런데 그가 제시하는 파미르 여행경비가 상당히 비쌌다. 그가 8일간의 여행 경비로 제시한 금액은 한 달간 남미 여행을 해도 될 정도였다.

키르기스스탄 사람들 사이에서는 "오쉬 사람을 믿어서는 안 된다."는 말이 있다. 실크로드 대상들이 머물던 국제적인 교역 도시였기에, 장사 수완이 좋은 오쉬 사람을 조심하라는 의미다. 온 얼굴에 웃음을 드리운 그 역시 언뜻 보기에 장사수완이 좋아 보였다. 혹시 그가 우리에게 바가지를 씌울 수도 있다는 의심이 들자 그곳을 선택한 것이 후회되기도 했다. 하지만 돈 때문에 여행을 포기할 수는 없는 노릇이라 신용카드로 부족한 현금을 인출했다.

"이렇게나 많은 돈이면 지구를 한 바퀴 여행하고도 남겠어요."

다음 날 돈을 준비해 갔더니 그는 너털웃음을 웃으며 두 사람 몫의 돈을 돌려주었다. 그가 제시했던 금액은 우리 일행 세 명 전체의 여행 경비인데, 우리가 세 배의 돈을 준비한 것이다.

"고마워요. 정말 고마워요. 모른 척하고 돈을 챙겼을 수도 있을 터인데."
"무슨 말씀을 하세요. 당신을 속일 수는 있겠지만, 신을 속일 수는 없어요."

그는 실크로드의 후손이었다. 무엇보다 신용이 중요한 일이라며 우리에게 따뜻한 차 한 잔도 대접했다. 덜컥 의심부터 했던 어리숙한 여행자는 그렇게 좋은 교훈을 얻었다.

중앙아시아는 대체로 이슬람 국가가 많지만, 종교적인 색채가 별로 없다. 가장 종교적인 도시로 일컬어지는 도시가 오쉬다. 1897년에 이곳을 여행한 올룹슨은 예배를 보기 위해 모스크 밖까지 사람으로 가득한 오쉬의 풍경을 사진에 담아 『파미르 여행』에 실었다. 머리에 흰 터번을 두른 남자들이 빼곡하게 앉아 머리가 바닥에 닿도록 절을 하는 모습의 사진이다. 하지만 그런 모습을 이제는 찾아보기 힘들다. 다만, 중앙아시아의 다른 곳에서는 들을 수 없는, 기도 시간을 알리는 아잔 소리를 오쉬에서는 들을 수 있다. 그날 밤은 어둠을 가르며 울려 퍼지던 아잔 소리가 평화롭게 들렸다.

신을 가깝게 여기며 신의를 지킨 주인장 덕분에 하루에 다섯 번 기도를 올리고 라마단 기간에는 금식하며 가난한 사람들에게 자선을 베풀고, 일생에 한 번은 메카를 향해 순례한다는 무슬림의 삶에 대해 다시 생각해 보았다. 내가 삶에서 중요하게 생각하는 것은 무엇인지, 나는 무엇을 마음에 품고 살고 있는지를 문득 떠올리게 한 하루였다.

술레이만 투(Sulaiman-Too)

오쉬는 3,000년 이상의 역사를 지닌 도시로 솔로몬이나 알렉산더 대왕이 이곳을 세웠다고도 한다. 그런 흔적이 남아 있는 곳이 술레이만 투이다. '술레이만 투'는 '술레이만산'이라는 의미다. 원래의 이름은 '좋은 산'이라는 의미의 '바라쿠치'였으나 이슬람교에서 칭송되는 성자 중의 한 사람인 예언자 술레이만 셰이크가 그 기슭에 묻힌 이후에 이름이 바뀌었다. 술레이만 투는 오쉬의 북쪽, 페르가나 계곡 위에 우뚝 솟아 있다. 한때 실크로드 여행자와 상인들이 파미르에서 내려올 때 등대 역할을 하여 여행자들은 술레이만 투를 성스러운 산으로 추앙하기도 했다.

술레이만 투 정상에 오르려면 엄청난 계단을 올라야 해서 힘들지만, 고생한 보람을 느끼게 해준다. 술레이만 투 정상에 서는

오쉬 시가지가 한눈에 내려다보인다. 오쉬는 무채색의 도시로 보였다. 오직 빨간색의 주립대학교와 도서관 그리고 드문드문 보이는 이슬람 사원의 첨탑인 미나렛의 초록색만 빼고는 온통 잿빛이었다. 마치 세월이 재처럼 차곡차곡 내려앉아 만들어진 도시 같았다.

산 정상에는 고대의 예배소, 암각화가 그려진 동굴, 인도 무굴제국의 창시자인 술탄 바부르가 지은 고대 모스크가 아직도 남아 있어, 술레이만 투가 수 천 년 동안 사람들 삶의 중심에 있던 산이라는 것을 알 수 있다. 현지인들은 여전히 이곳을 매우 신성하게 여기며 즐겨 찾는다. 소원을 빌면 들어주는 바위, 아이를 가지게 한다는 동굴, 팔을 끝까지 넣으면 병을 낫게 해준다는 구멍 등, 마치 불교와 민간 신앙이 결합한 우리나라 사찰처럼 이슬람 신앙과 기복 신앙이 혼재된 곳이었다.

지붕에서 물방울이 뚝뚝 떨어지는, 술레이만의 눈물이라 불리는 동굴도 있었다. 아이를 낳지 못하는 사람이 찾아와서 기도하고 술레이만의 눈물을 얼굴에 바르면 아이를 가질 수 있다거나 질병이 낫는다고 믿는 사람도 있어서 연신 사람들이 들고났다. 결혼식을 마친 신혼부부가 이곳을 찾아 앞날의 행복을 기원하기도 한다는 소원 바위는 반질반질했다. 얼마나 많은 사람이 소원을 빌면서 미끄럼을 탔을지 상상할 수 있었다. 군데군데서 기도하고 있는 사람을 보니 무언가를 염원하는 마음을 갖는 것은 어느 나라 사람이

나 동일하다는 생각이 들었다. 나도 현지인들 틈에서 파미르 여행을 무사히 마치게 해달라는 소원을 빌었다.

전통악기 '코무즈(Komuz)'에서 유목을 상상하다

시내를 거닐다 한 예술학원 앞을 지나쳤다. 건물 전면에 키르기스스탄의 전통 악기 '코무즈'가 크게 장식되어 있었다. 책가방을 둘러멘 채 학원으로 들어가는 초등학생들을 따라 나도 안으로 들어가 보았다. 한국에서 온 고등학교 선생님이라고 소개하며 이곳의 문화를 우리나라 사람들에게 알려주고 싶다고 말했더니, 여행자인 나를 흔쾌히 받아들여 주었다. 체스, 종이접기, 춤, 전통악기 연주를 배우는 곳이었다.

이곳저곳 기웃거리는 내게 선생님들은 친절하게 안내해 주었다. 키르기스스탄의 전통 악기 코무즈를 배우는 교실에도 들어갔다. 코무즈 연주를 배우고 있는 아이들의 눈빛이 진지했다. 선생님은 자기 나라의 문화에 관심가지는 나를 위해 수업을 중단하고 코무즈를 연주해 주기도 했다.

키르기스스탄에서는 예술 교육을 중요하게 생각해 오래전부터 음악 교육에 중점을 두었다. 소비에트연방 시절에는 서양식 음

악 교육으로 변모했으나, 독립 이후에는 예전처럼 전통 음악을 계승하고 있다. 유목 생활을 주로 한 키르기스스탄 사람들은 삶의 애환을 코무즈 연주로 달래는 전통이 있었다. 도시에 사는 어린이들은 이제는 사라져가는 유목의 문화를 코무즈 연주를 통해 조금이나마 접하고 있다.

코무즈는 원래 페르시아 지방의 악기였다. 이슬람 정복과 포교 과정에서 인근 지역으로 전래되었는데, 키르기스스탄의 민족 악기가 되었다. 2019년부터 키르기스스탄 문화와 전통을 상징하는 코무즈를 기려 '코무즈의 날'로 기념하고 있다. 키르기스스탄 지폐 1솜에서도 코무즈 그림을 볼 수 있다.

코무즈에는 아름다운 사랑 이야기에 얽힌 전설이 전해진다. 새벽처럼 맑고 매력적인 목소리를 지닌 아름다운 소녀를 사랑한 사냥꾼의 이야기다. 그 소녀의 마음을 얻지 못해 애태우던 그는 어느 날 살구나무 아래에서 놀라운 소리를 듣는다. 나무에 매달린 염소의 마른 창자를 바람이 당겨서 내는 소리였다. 그는 그 살구나무로 악기를 만들어 연주했고, 이 덕분에 소녀의 마음을 사로잡을 수 있었다. 이때부터 살구나무로 만든 코무즈가 생겨났다고 한다.

코무즈 연주를 들으며 유목의 삶을 상상해 보았다. 눈 덮인 파미르의 산자락, 낙타의 눈물, 바람 소리, 떨어지는 빗방울 소리,

초원의 유르트, 호숫가를 달리는 말발굽 소리, 유르트를 휩쓸고 가는 바람 소리, 자잘한 들꽃이 피어난 봄의 초원, 고요히 내려쌓는 눈 ……. 이곳 사람들은 삶이 지치고 힘들 때 코무즈 연주로 위안을 얻는다.

3

파미르의 오늘

세상의 흐름과는 관계없이 지속될 것 같던 파미르도 변하고 있다. 파미르를 둘러싼 주변 국가들 사이의 분쟁이 상징하듯, 예전에는 보이지 않던 긴 국경 철조망이 생겨났다. 파미르의 아이들은 어릴 때부터 먼 곳으로 떠날 꿈을 꾸고, 빠르게 흐르는 세상 속으로 걸어 들어갔던 파미르의 가장 중에는 파미르를 등지고 돌아오지 않는 이가 늘고 있다. 이들 가족은 돌아오지 않는 가장을 속절없이 기다린다.

떠나려는 사람들

황폐해진 마을, 카라쿨

'검은 호수'라는 뜻을 지닌 카라쿨 호수는 해발 3,914m로, 파미르고원에서 가장 높은 곳에 있는 호수다. 약 2,500만 년 전 운석의 충돌로 형성된 호수는 남북으로 33km, 동서로 24km 뻗어 있고 면적은 380㎢이다. 거대한 규모가 마치 바다 같다. 호수 주변은 눈 덮인 봉우리들이 둘러싸고 있는데, 물에 반사되는 그림 같은 풍경 덕분에 호수는 이름과 달리 더 파랗게 보인다.

파미르고원에서 호수는 사막의 오아시스 같은 존재다. 사람들은 호수를 끼고 마을을 형성해 산다. 카라쿨 호숫가 동쪽에도 아주 작은 마을이 있다. 이곳도 한때는 중국과 우즈베키스탄 사이를 오간 대상들이 지나치는 역참마을이었다. 제법 많은 사람이 살던 때도 있었겠지만, 지금은 남아 있는 사람들이 별로 없다. 마을을 걷다 보면 이곳이 실크로드를 오가던 대상들이 지나다니던 곳이라는 것을 떠올리기 힘들 정도로 황량하다. 진흙 벽돌로 지은 집들이 마치 짓다가 만 집, 혹은 허물어져 가는 집처럼 느껴졌다. 마을 한가운데에는 작은 모스크도 있지만, 마치 버려진 마을 같다는 느낌은 지울 수 없었다.

우리는 이곳 게스트하우스에서 점심을 먹고 출발하기로 했다. 게스트하우스를 운영하는 가족은 3대가 함께 사는 대가족이었다. 온 가족이 여행자를 맞았다. 엄마와 할머니는 요리하고, 아빠는 손님을 맞아 점심을 나르고, 아이들은 물을 긷고, 할아버지는 아이들을 돌보고 있었다. 점심으로 빵과 요구르트, 죽이 나왔지만 날씨가 추워서 딱딱하고 마른, 차가운 빵을 먹기 힘들었다. 주인 아주머니에게 따끈한 빵이 그립다고 했더니, 지금은 차가운 빵밖에 없다고 했다. 새로 구울 빵은 채 발효가 끝나지 않아서 굽기에

적당하지 않았던 것이다. 하지만 우리가 빵을 제대로 먹지 못하는 것을 안쓰럽게 여긴 그녀는 우리가 떠나기 전에 서둘러 빵을 구워냈다. 따뜻한 빵을 나눠준, 그 인정이 고마웠다.

소비에트 연방 시절에는 마을은 지금보다 번창했다. 파미르에 주민을 이주시키려는 정책을 시행하여 마을 사람들에게 월급을 주면서까지 유목을 장려했기 때문이다. 하지만 1991년에 소비에트 연방으로부터 독립한 이후에는 그런 혜택이 사라졌다. 감자 농사조차 지을 수 없는 척박하고 황량한 이곳에 터를 잡고 살기가 힘들어진 사람들은 해발고도가 이곳보다 낮은 곳으로 이주해갔다. 이곳에 남은 주민들은 주로 야크나 양, 염소를 키우며 유목 생활을 한다. 일부는 여행자에게 홈스테이나 점심을 제공하며 삶을 이어간다.

여름의 뜨거운 햇살과 겨울의 혹독한 추위, 해발 3,914m, 염분이 많고 생명이 없는 호수, 강한 바람을 견뎌내는 것은 쉬운 일은 아니리라. 낡아가는 집과 마을, 남아 있는 사람보다 떠나가는 사람이 많아진 카라쿨 마을에서 삶을 이어가는 사람들의 마음은 어떨까? 고요한 마을만큼이나 차분한 사람들의 얼굴 너머로 숨은 어떤 비장함이 보였다면, 그건 나의 착각일까?

학교에 남은 아이들

파미르에는 작은 마을에도 학교가 있지만, 대체로 초등학교뿐이다. 상급학교에 진학하려면 큰 도시로 나가야 한다. 카라쿨 마을도 마찬가지여서 이곳 아이들은 초등학교를 졸업한 이후에는 호르그와 무르갑 같은 더 큰 도시의 학교로 진학해야 한다.

카라쿨 마을의 초등학교는 건물의 규모가 제법 컸다. 이곳이 소비에트 연방이었던 시절에는 파미르로 사람들을 이주시키던 때였으니 제법 많은 학생이 이 학교에 다녔을 것이다. 우리가 학교를 방문하던 날은 전날 내린 눈이 처마 아래로 하염없이 녹아내리고 있었다. 텅 빈 학교라고 생각했는데, 한 무리의 아이들이 보였다. 이방인을 두려워하지 않는 순수한 눈빛과 웃음을 지닌 아이들이었다.

"이 아이들은 왜 집에 안 가고 학교에 있어요?"
"학교에서 지내는 아이들이에요."

도시로 혹은 다른 나라로 돈 벌러 떠난 부모를 대신하여 학교가 아이들을 돌보고 있었다. 보모는 아이들보다 겨우 몇 살 많아 보였다. 햇살이 강하고 건조하고 추운 날씨 탓에 아이들과 보모의 볼이 발갰다. 장기를 두면서 놀던 아이들은 우리의 방문에도 전혀

어색해하지 않았다. 낯선 이방인을 반기던 아이들은 곧 자신들의 놀이에 열중했다. 아이들의 방을 둘러보았다. 시간표, 해야할 일들을 적어놓은 포스트가 벽에 붙어있었고, 침대 위에는 알록달록한 침구와 베개가 놓여 있었다. 아이들은 추운 날씨 탓에 방안에서도 모자를 눌러 쓰고 있었다.

카라쿨의 학교에 남은 아이들은 타지키스탄의 현재를 보여주는 듯했다. 타지키스탄에서는 일자리를 찾아 떠난 남편으로부터 버려지는 아내와 그 아이들의 양육 문제가 주요 사회문제가 되고 있다. 마땅한 자원이나 산업시설이 없는 타지키스탄은 경제의 많은 부분을 인접 국가 러시아에 의존하고 있다. 인구의 10분의 1이 일자리를 찾아 러시아로 떠나는 실정이다. 이들 중 상당수는 고국으로 돌아오지 않고 러시아에 머문다. 전화 한 통으로 이혼을 통보하는 이도 있어서 파괴된 가정도 제법 있다.

카라쿨 마을을 떠날 무렵, 외출에서 돌아온 엄마의 손을 잡고 가는 가족과 길거리에서 마주쳤다. 쇼핑 가방을 든 엄마의 손을 잡고 걷는 들뜬 표정의 아이들이 학교에 남은 아이들의 얼굴과 겹쳤다.

COLLECTION

현대의 유목

운전을 맡은 아미타와 더불어 우리 여정을 함께한 이가 있다. 바로 통역 가이드 아프타이다. 아프타는 아미타의 조카이다. 급하게 통역 가이드를 구하는 우리에게 아미타는 급한 대로 자기 조카를 추천해 준 것이다. 굼베즈쿨 고개로 트레킹을 다녀온 저녁, 일행들이 고산증으로 고생하는 바람에 두 사람과 저녁 시간을 같이 보냈다. 이름뿐인 난방기로는 추위가 가셔지지 않아서 아궁이가 있는 주인집의 부엌방에서 저녁을 먹고 그곳에서 시간을 보냈다. 함께 있다 보니 자연스럽게 각자의 가족 이야기를 나누게 되었다. 아프타는 지금까지 두바이에서 일하다가 고향으로 돌아왔는데, 우리의 여행에 동행하게 된 것이다. 그로서는 이번이 첫 가이드였다.

아프타의 원래 직업은 트램펄린 지도 강사다. 그가 두바이에서 떠나온 것을 보면 그곳에서 일자리를 찾는 것 역시 녹록지 않다는 것을 알 수 있었다. 그는 직업을 바꿔볼 꿈을 꾸었으나 쉽지 않다고 했다. 이번 여행을 마치고 돌아가면 다시 일자리를 찾아 아랍에미리트로 떠날 예정이었다. 현대판 유목 생활이다. 예전에는 목초지를 찾아다니는 유목 생활을 했다면, 지금은 일자리를 찾아 유목 생활을 하는 것이다. 지금도 먹고살기 위해서 끊임없이 일자리를 찾아다니는 삶의 연속이다.

아프타는 딸아이와 비슷한 또래라 그런지 자식 같은 마음이 들었다. 딸아이도 대학에 진학한 후 자신의 진로 때문에 고민하더니 결국 진로를 변경했다. 그러느라고 남들보다 긴 대학 생활을 보냈다. 20대는 누구나 미래가 안 보이는 깜깜한 터널 같은 곳을 관통해야 하는 두려움이 있다. 나도 한때 그랬다. 지금의 20대보다야 쉽게 직장을 구했지만, 임시직으로 일한 적이 있다. 어딘가에 속해 있지 않고 새로운 곳을 찾아야 한다는 것은 불안감을 안겨주기도 한다. 아프타도 그런 시대의 불안을 느끼고 있을 것이다.

운전을 맡아 준 아미타의 원래 직업은 수의사다. 중앙아시아의 수의사는 주로 소와 말을 돌보는데, 그것만으로는 가정 살림을 꾸려가기 힘들어 몇 가지 일을 하고 있었다. 파미르가 열리는 5월에서 9월까지는 파미르 여행 차량을 운전하고, 파미르에 눈이 내려 여행자가 없는 겨울이면 비슈케크로 가서 수의사 일을 한다. 아내와 가족이 운영하는 식료품점을 돕기도 한다. 아미타는 아들 딸을 둔 가장인데, 아들은 아직 미혼이고, 딸은 네 살짜리 아들을 둔 엄마다. 그런데 이혼해서 아미타네 집에서 함께 살고 있었다. 중앙아시아에서는 결혼한 부부가 이혼하는 일이 흔하다고 했다. 이혼을 결정하는 데는 결혼생활을 영위하기 어려운 현실적인 여건도 분명히 영향이 있을 것이다. 부부가 어쩔 수 없이 떨어져 살아야 하는 상황처럼 말이다. 중앙아시아의 대부분 국가는 경제적 기반이 약해 해외 노동에 의존한다. 특히 남자들의 대다수가 러시아나 아랍지역으로 노동 이주를 많이 떠난다. 아미타와 아프타의 이야기를 들으며 중앙아시아 대부분의 국가에서 겪고 있는 아픈 면을 들여다볼 수 있었다.

꿈꾸는 젊은이들

파미르의 젊은이들은 다른 곳을 꿈꾼다. 오쉬에서 만난 가이드 '아지자'도 마찬가지였다. 관광지로 알려진 웬만한 도시에는 '프리 워킹 투어' 프로그램이 있다. 약간의 팁을 내고 참가하면, 그 지역의 주요 명소를 둘러보는 좋은 프로그램이다. 오쉬에도 약 두 시간 반 동안 진행하는 프리 워킹 투어 프로그램이 있다. 수 세기 동안 국제 여행자를 맞았던 이 도시에 대한 기대로 투어 프로그램을 신청했다.

아침 9시. 우리를 맞으러 온 가이드는 아주 앳된 아가씨였다. 그녀는 대학생쯤으로 보였는데, 놀랍게도 고등학교 3학년 학생이었다. 다른 친구들은 모두 학교에 있을 시간에 그녀는 학교를 빠지고 온 것이다.

"아지자, 학교에는 안 가도 돼?"
"네. 학교는 종종 결석해요. 제게는 학교보다 가이드 일이 더 중요하거든요."

그녀의 꿈은 장학금을 받아 미국에 교환학생으로 가는 것이었다. 영어 회화 실력도 늘리고 용돈도 벌 수 있는 가이드 일이 자신의 꿈을 위해 한 걸음 나아가는 일이라고 말하는 그녀는 다부져 보였다. 게다가 가이드 역할이 무척 능숙했다. 아지자는 전날 민족도서관을 안내해 주던 대학생을 떠올리게 했다. 여행지마다 도서관을 방문하는 내가 오쉬의 공공 도서관을 방문했을 때였다. 마치 관공서처럼 보이는 초라한 도서관이었다. 안내 센터도 없었다. 불쑥 들어가서 이곳저곳을 둘러볼 수는 없는 일이어서 공부 중인 한 학생에게 신분을 밝히고 도움을 요청했다.

"도서관에 관심이 있다면 다른 도서관을 안내해도 될까요?"
"그러면 좋지요. 시간 괜찮으세요?"
"물론이지요. 저는 이제 공부가 끝났어요."

도서관을 둘러보고 나올 즈음, 우리를 도와준 청년이 다른 곳도 안내해 주겠다고 했다. 그는 민족도서관과 오쉬 주립대학교의 도서관을 안내했다. 민족도서관은 중앙아시아에서 유일한 민족도서관이었는데, 자료가 풍부했다. 특히, 키르기스스탄 사람들이 위대한 영웅으로 추앙하는 '마나스'에 관해 소개하는 마나스 특별관을 비롯해 키르기스스탄과 국제관계를 맺은 국가의 정보를 전시해 둔 공간이 인상 깊었다. 우리가 민족도서관에 도착했을 때는 거의 마감 시간이었는데도 그 청년의 도움으로 도서관을 끝까지 살펴볼 수 있었다.

전자공학을 전공한다는 청년은 교환학생 프로그램으로 스페인에서 1년간 공부했다고 했다. 영어를 비롯한 러시아어, 스페인어에 능숙했다. 오래전부터 실크로드를 따라 오가는 낯선 곳의 냄새가 밴 이방인들을 보면서 살아온 이 도시의 후예여서일까? 다른 세계에 대한 꿈을 꾸는 청년들의 모습은 밝고 자연스러웠다. 아지자 역시 마찬가지였다. 언젠가 미국에서 공부하고 있을 그녀의 모습이 그려졌다.

파미르의 불안

파미르의 대부분을 차지하고 있는 타지키스탄은 중앙아시아에서 가장 작은 공화국이다. 한반도의 3분의 2정도 면적이지만 국토의 90% 이상이 산악지대다. 지정학적 위치로 인해 오랜 세월 다른 민족의 지배를 받으며 동서양의 여러 문명과 종교의 영향을 받아왔다. 중앙아시아 초기 역사에서 가장 강력한 제국으로 군림했던 페르시아의 문화적, 문명적 요소가 생활 깊숙이 파고들었다.

10세기 이후에는 투르크족, 13세기에는 몽골족, 14세기에는 티무르제국의 지배를 받았다. 19세기까지 우즈베크 민족의 지배를 받았고, 제정 러시아의 남하정책으로 70여 년간 소련의 지배를 받기도 했다. 소련이 해체되면서 1991년 9월 독립했지만, 오랫동안 내전으로 난민이 발생했고, 산업기반이 파괴되면서 중앙아시아에서 가장 가난한 나라가 되었다. 게다가 구소련이 무리하게 설정한 국경 탓에 우즈베키스탄, 키르기스스탄과 영토 분쟁을 겪고 있다.

눈밭의 국경 철조망, 빼앗긴 땅

"중국과의 국경선이에요."

국경을 넘기 전에는 보이지 않던 철조망이었다. 황량한 눈밭에 끝없이 이어지는 선명한 철조망은 중국과 타지키스탄을 경계 짓는 국경선이었다. 국경선 너머는 원래 타지키스탄 영토였지만, 지금은 중국 영토가 되었다.

파미르고원을 둘러싼 영토분쟁은 타지키스탄이 제정 러시아에 속해 있던 19세기 중반부터 계속되었다. 중국은 한나라 때 서역을 원정한 역사를 들추어 파미르고원에 대한 권리를 주장해 왔다. 타지키스탄이 옛 소련에서 독립한 이후에도 영토 분쟁은 해소

되지 않았다. 중국은 전략을 바꾸어 타지키스탄에 사회간접자본 시설 건설을 위한 차관을 제공하고 수억 달러를 투자하며 영토분쟁을 해결하려고 애썼다. 결국 타지키스탄이 파미르고원 영토 일부를 중국에 넘겨주었다. 서울의 두 배에 이르는 면적이다. 이로써 100년 넘게 이어진 영토분쟁이 마무리되었다. 끝없이 이어진 국경선 철조망이 국제적인 분쟁의 각축장이 되었던 타지키스탄의 아픈 현실을 말해주는 듯했다.

파미르고원은 아프가니스탄과 중국 신장 위구르 자치구, 키르기스스탄, 티베트고원, 파키스탄, 타지키스탄 등에 걸친 지정학적 특성 탓에 오랫동안 분쟁의 중심지였다. 옛 소련은 파미르고원을 둘러싸고 있는 중앙아시아 지역을 분할 통치하기 위해 인위적으로 국경선을 그었다. 그 때문에 지리적 경계와 민족적 경계가 일치하지 않는 상황이 빚어져 1991년 독립 이후 인접 국가와 갈등을 빚고 있다. 중국과의 영토 분쟁은 사라졌지만, 여전히 타지키스탄과 키르기스스탄 주민들 사이에는 갈등이 존재한다. 구글에서 제공하는 지도로 파미르를 둘러싼 주변국과의 국경을 살펴보면 정확한 경계를 알기가 어렵다. 아마도 이는 이런 영토 분쟁 때문이지 않을까 싶다.

당하라 테러 추모 조형물

당하라(Danghara)시는 두산베 도착 전 두 시간 정도의 거리에 위치한 곳이다. 타지키스탄 대통령 에모말리 라흐몬(Emomali Rahmom)의 고향이기도 하다. 에모말리 라흐몬은 세계 최장기 집권자 중의 한 사람이다. 1994년에 대통령직으로 임기를 시작해 지금까지 집권 중이다. 그는 대통령이 된 후 고향 당하르 시에 많은 돈을 투자해 도시의 규모가 커졌다. 대통령 가족의 호화로운 주택, 라몬 박물관이 있는 아름다운 문화 궁전, 세계에서 세 번째로 큰 찻집도 생겼다. 하지만 테러의 위험이 도사린 곳이기도 한데, 2018년 7월 당하라 시의 도로에서 테러 공격으로 네 명의 자전거 여행자가 목숨을 잃었다.

"이곳이에요. 이곳에서 사고가 난 거예요."

아미타가 파미르에서 일어난 비극적인 사건에 대해 알려주었다. 미국인 여행자 두 명과 스위스, 네덜란드 여행자 네 명이 자동차의 급습을 받았다. 다른 세 명의 여행자도 다쳤다. 내가 이곳을 여행하기 석 달 전의 일이다. 내가 거기에 있었을 수도 있는 일이었다. 타지크 정부가 희생자들을 기려 마련해 놓은 추모 공간에는 자전거 한 대와 추모비가 있었다. 안타깝게 희생된 그들의 영혼을 위로하며 가볍게 묵념했다. 그리고 또 여행을 떠났다.

서부 파미르는 대부분 타지키스탄 고르노바다흐샨 자치구에 속한다. 이 지역은 타지키스탄 전체 영토의 약 40%를 차지한다. 1991년 소련 붕괴 이후 타지키스탄 독립 초기에 이 지역은 반정부 활동의 중심지가 되었다. 이 때문에 여전히 불안감이 감도는 곳이며 폭력 사태가 벌어지기도 한다.

검문소의 사과나무

파미르의 불안한 현실을 단적으로 보여주는 것이 있다. 여행자라면 숱하게 지나쳤을 검문소가 바로 그것이다. 그런데 검문소는 이런저런 이유를 대며 여행자들로부터 돈을 뜯어 간다. 청소비, 도로 통행세, 국경세, 자전거 수입세 등의 명목으로 돈을 요구하는 일이 비일비재하다. 여행자나 운전자가 지불해야 하는 돈은 자동차 또는 오토바이에 대한 수입세뿐인데도 부패한 국경 경비대는 끊임없이 뇌물을 요구한다.

파미르의 첫 관문인 사리타쉬 근처의 검문소에 도착했을 때, 아미타가 우리의 여권과 비자를 모두 들고 가서 수속을 밟고 왔다. 우리는 차에서 내릴 필요가 없어서 의아했다. 나중에야 그 이유를 알았다. 검문소에서는 트집을 잡아서 운전사를 붙잡아 두는 일이 많았다. 여행자들이 탄 공유 자동차의 경우 대부분 운전사가 뇌물을 지불해야 했다. 아미타도 곤혹스러운 일을 당하기는 마찬가지였다. 그가 우리를 대신해서 뇌물을 바친 덕분에 우리는 쉽게 통과할 수 있었던 것이다.

두샨베로 향하는 파미르고원의 마지막 검문소를 지날 때도 마찬가지였다. 우리의 여권과 파미르 통과 비자를 가지고 검문소 안으로 들어간 아미타는 한참 후에야 나왔다. 경찰 한 명도 따라 나왔는데, 어쩐 일인지 경찰의 얼굴에는 싱글벙글한 웃음이 가득했다. 그는 검문소 앞 사과나무의 사과를 따서 우리에게 선물하기까지 했다. 그때까지도 영문을 몰랐던 우리는 "Thank you!"를 연발하며, 감사의 마음을 보냈다. 친절한 군인이라고도 말했다. 나중에야 아미타로부터 사과 선물에 얽힌 사연을 전해 들었다. 사과는 뇌물을 받아 기분이 좋아진 경찰이 우리에게 준 답례품이었다. 그곳 검문소는 뇌물을 주지 않으면, 여행자를 이유 없이 오래 붙잡아 두는 곳으로 악명이 높은 곳이었다. 파미르 하이웨이를 여행한 사람이라면, 검문소 앞 사과나무가 품고 있는 진실을 알 것이다.

아프가니스탄의 눈물

아프가니스탄의 카라반

와칸 계곡은 파미르 하이웨이에서 살짝 벗어난 곳이다. 빠르게 이동하려는 사람은 M41 도로라 불리는 파미르 하이웨이를 따라 계속 가지만, 파미르의 참모습을 보려는 여행자들은 와칸 계곡으로 향한다. 와칸 계곡과 가까워지면 자주 군 초소를 만난다. 와칸 계곡은 중국, 아프가니스탄, 파키스탄과 국경을 접하고 있어서 정치적으로 긴장감이 감도는 지역이기 때문이다.

"아프가니스탄의 카라반이에요."

타지키스탄과 아프가니스탄 사이로 흐르는 판지강의 강폭이 좁아서 마음만 먹으면 아프가니스탄으로 넘어갈 수도 있을 것 같았다. 상상은 현실이 되었다. 놀랍게도 판지강 너머 아프가니스탄에 무리 지어 쉬고 있는 카라반을 발견했다. 카라반은 사막이나 초원과 같이 교통이 발달하지 않은 지방에서, 낙타나 말에 짐을 싣고 떼를 지어 먼 곳으로 다니면서 특산물을 교역하는 상인의 집단을 이르는 말이다. 마치 시간을 훌쩍 뛰어넘어 마르코 폴로가 실크로드를 다니던 시절로 되돌아간 듯했다. 예상하지 못했던 장면이었다.

"탈레반의 손길이 이곳까지 미치지는 않아요. 저들은 아프가니스탄에 사는 키르기스인들이에요. 주로 생필품과 야크를 교환해요."

그들의 물물교환 방식에 대해 아미타가 말해주었다. 와칸 계곡의 아프가니스탄에는 키르기스 공동체들이 살고 있다. 생필품이 부족한 그들은 주로 야크를 몰고 와서 필요한 물품을 교환해 간

다. 강 이쪽에는 아마도 물살을 헤치고 왔을 것으로 추정되는 야크 떼가 무리 지어 있었다. 강 저쪽의 카라반에게 손을 흔들어주니 그들 역시 우리에게 손을 흔들어주었다. 한참을 떠나지 못하고 그 자리에서 서성거렸다.

와칸 계곡은 북쪽으로는 와칸 산맥 또는 알리추산맥이라는 6,000m급의 고봉들이, 남으로는 힌두쿠시산맥이 동서로 가로지르는 사이의 긴 분지를 일컫는다. 그 사이로 고산의 만년설이 녹아내려 이룬 파미르 천과 와칸 천이 합쳐진 판지강이 흐른다. 옛날부터 파미르고원을 횡단하는 유일한 길로 이용되어 왔다. 복도처럼 좁고 긴 생김새 때문에 '와칸 회랑'이라는 별명도 생겼다. 판지강을 경계로 타지키스탄과 아프가니스탄이 나뉜다.

와칸 계곡으로 접어들면 풍경이 확 바뀐다. 판지 강 너머 아프가니스탄은 거대한 바위 회랑이 자연 국경을 이루고 있다. 바위 절벽은 외부의 접근을 가로막는 자연 장벽이다. 그 누구도 가까이 갈 수 없을 것 같다. 지금은 갈 수 없는 땅이 되어 버린 아프가니스탄으로 마음이 쏠렸다. 타지키스탄 땅을 달리면서 눈은 아프가니스탄으로 향했다.

아프가니스탄의 포탄 소리

"차가 정말 오래되어 보여요."
"이 차는 소련 장교가 타던 차예요. 지금도 멀쩡해요."

이시카심의 게스트하우스는 중심가에서 조금 떨어진 곳이었다. 주인아저씨가 중심가까지 태워다 주었다. 그의 차는 정말 오래된 소련 차였는데, 그는 자기 차에 대한 자부심이 대단했다. 곧 멈추어도 전혀 이상하지 않을 것 같은데도, 아주 튼튼한 차라며 자랑했다. 이곳은 소련의 지배를 받아서인지, 오래된 소련 차가 많다. 파미르에 남아있는 소련의 흔적은 타지키스탄의 현대사를 떠올리게 했다.

소비에트 연방 시절에 태어난 사람 중에는 소련으로부터의 독립을 달가워하지 않는 사람도 있다. 오히려 그 시절이 좋았다고 말한다. 통제된 사회에서 적당한 국가의 보호를 받으며 국가에 의존하던 때가 모든 것을 스스로 알아서 해야 하는 지금보다 낫다고 생각하는 것이다. 독립 이후 정치적으로 안정되지 않은 상황과도 관련이 있고, 경제적으로 가난한 타지키스탄에서 일자리를 찾아 러시아로 떠나는 사람이 많은 현실 때문이기도 하다. 이런 생각의 차이가 정치적 갈등을 가져와 독립 이후에 내전으로 이어져 수많은 사람이 죽고 피란을 떠나기도 했다. 내전으로 인해 희생된

사람이 12만 명 정도다. 타지키스탄의 기반 시설이 파괴되었으며, 사람들이 타지키스탄을 떠나기도 했다.

이시카심 중심가는 우리나라 면 소재지 정도도 되지 않는 규모이다. 관공서로 보이는 건물 몇 채와 작은 일용품 가게가 상업지구의 전부였다. 그렇지만 일용품 가게를 구경하고 동네 사람들을 만나는 재미가 좋았다. 이곳 사람들은 다들 적극적이었다. 대체로 영어를 잘한다. 우리에게 이름을 묻고 어디서 왔는지를 묻는다. 얌 마을에서 만났던 라울이 학교에서 영어, 타지크어, 러시아어, 수학을 배운다고 하더니 이곳도 마찬가지인 모양이다.

이시카심 중심가 구경을 한 후 걸어서 숙소까지 갔다. 그 시간이 참으로 재미있었다. 방목한 소를 몰고 집으로 가던 소녀가 놓친 소를 잡는 것을 도와주기도 하고, 동네 꼬마들을 만나 함께 축구를 하고, 밀밭에 핀 꽃을 꺾기도 했다. 동네 사람들은 카메라를 든 우리 앞에서 자연스럽게 포즈를 취하며 촬영에 응해주었다. 저녁노을이 지는 시간, 동네 사람들이 삼삼오오 모여 이야기를 나누고 함께하는 모습이 여유 있어 보였다. 우리가 잃어가고 있는 것을 여전히 간직한 사람들의 모습이었다.

시골의 밤은 빨리 찾아왔다. 주인아주머니는 마당에 솥을 걸어두고 불을 지펴 요리했다. 주인의 어린 딸이 아궁이에 땔감을 넣으며 어머니를 돕는 것을 보자, 나도 주부의 본능이 발동해 아주머니를 도왔다. 어둠 속에서 요리하는 사이 어디선가 포성이 들려와 깜짝 놀랐다. 주인아주머니는 아프가니스탄에서 들려오는 포성이라고 말해주었다. 요리하는 내내 "펑! 펑!" 하는 소리가 끊이지 않았다. 매일 이웃 나라에서 들려오는 포성 소리를 듣는 삶은 어떨까? 아주머니는 포성 소리가 일상이 된 듯 요리에만 열중이었으나 내 신경은 온통 아프가니스탄으로 향했다.

달이 밝은 밤. 날짜를 헤아려 보니 추석이 가까웠다. 어릴 때 마당에서 보곤 했던 달이다. 수프와 감자, 치킨 요리. 거기에 맥주 한 잔까지 곁들이며 즐거운 저녁 식사를 했지만, 강 건너 포탄 소리에 자꾸만 신경이 쏠리는 것은 어쩔 수 없었다.

몇몇 문학 작품과 영화로 접한 아프가니스탄의 현실이 떠올랐다. 소설 『연을 날리는 아이』, 『천 개의 찬란한 태양』 속에 그려진 아프가니스탄은 세상 여느 곳과 마찬가지로 부모와 자식 간의 사랑, 연인에 대한 애틋한 그리움이 있는 곳이었다.

"제 조국이 평화로워졌으면 좋겠어요."
"인간은 모두 그 존재 자체로서 존중받아야 합니다."

다큐멘터리 <아프가니스탄, 잊힌 진실>의 한 장면도 떠올랐다. 이란 여성 감독 야스민 말렉 나스르가 아프가니스탄 땅의 구석구석을 여행한 기록으로 만든 다큐멘터리다. 감독은 아프가니

스탄을 여행하며 사람들에게 그들의 꿈에 관해서 묻는다. 그들은 대체로 개인적인 꿈이 아니라 국가적인 안녕을 소망했다. 아프가니스탄에 평화가 찾아오기를 바랐다. 개인의 자유를 억압받으면서도 조국의 안녕을 먼저 생각하는 사람들. 조국이 제대로 되지 않는다면 자신들의 삶은 먼지처럼 부서진다고 대답하던 그들이 안쓰러웠다.

또 다른 영화 <파르바나>는 아프가니스탄 여성들의 삶을 보여주었다. 탈레반 치하에서 여성의 삶은 더욱 힘들다. 교육을 받을 수도 없고, 남자 없이는 외출도 할 수 없다. 한 집안의 가장이 죽고 나면, 최소한의 생존조차 보장받기 어렵다. 살기 위해 어쩔 수 없이 남장을 하고 살아가는 파르바나의 모습에서 아프가니스탄 여성들의 참혹한 상황이 잘 드러났다

몇 년 전 국립중앙박물관에서 <아프가니스탄의 황금 문화> 기획 전시가 있었다. 고대 아프가니스탄의 역사와 문화를 조망하는 전시였다. 아프가니스탄은 그리스 문화와 오리엔트 문화가 혼합된 헬레니즘 문화의 주요 근거지였고, 실크로드와 해상무역으로 동서 문물이 교류한 곳이다. 그렇게 찬란한 문화를 가졌던 아프가니스탄이 전쟁과 빈곤으로만 기억되는 것이 마음 아팠다.

몇몇 책과 영화로만 다가갈 수 있는 나라 아프가니스탄, 접근할 수 없는 땅. 지금은 미국이 아프가니스탄 땅에서 철수하면서

탈레반이 또다시 장악해 더 암울해졌다. 아프가니스탄에 드리워진 깊은 어둠의 장막이 언제쯤이면 걷힐까? 아프가니스탄 사람들이 자유롭게 살 수 있는 때가 오기는 할까?

열리지 않는 국경 시장

파미르 산맥과 힌두쿠시 산으로 둘러싸인 계곡에 자리 잡은 이시카심의 인구는 대략 2,900명 정도다. 그런데 강 너머 아프가니스탄에도 같은 이름을 가진 마을이 있다. 예전에는 자유롭게 오가던 한 마을이다. 하지만 러시아가 아프가니스탄을 침공하고 타지키스탄과의 국경이 폐쇄되면서 강을 경계로 두 나라로 분리되어 이산가족으로 살게 되었다. 대신에 국경 건너 아프가니스탄에서 일주일에 한 번씩 열리는 시장을 통해 만남을 이어간다.

시장이 열리는 곳은 이시카심에서 서쪽으로 3km 지점인 아프가니스탄 지역 판지강의 섬 안쪽이다. 여행자들은 비자가 있어야 하지만, 아프간인과 타지크인은 비자 없이 자유롭게 드나들 수 있어서 국경 시장 혹은 토요 시장이라고도 불린다.

이곳 시장은 인기가 많다. 현지인들뿐 아니라 여행자들도 시장이 열리는 날을 기다린다. 지금은 갈 수 없는 땅이 되어버린 아프가니스탄을 시장에서나마 느끼려는 여행자들은 시장이 열리는 토요일에 시간을 맞추기 위해서 여행 일정을 조절할 정도다. 하지만 가끔 두 나라 정세에 따라 시장이 폐쇄되기도 한다. 내가 그곳을 여행할 때도 시장은 열리지 않았다. 아프가니스탄의 불안한 정치적인 상황으로 타지키스탄과 아프가니스탄을 연결하는 다리도 폐쇄되어 있었다. 예전의 흥성거리던 분위기는 찾을 수 없고 군인들이 보초만 서는 곳이 되었다. 한 군인이 총 대신 낚싯대를 잡고 강에서 낚시하는 모습이 그나마 안도감을 주는 모습이었다.

멈춰버린 국경 앞에서 지금은 갈 수 없는 금단의 땅이 되어 버린 아프가니스탄을 생각했다. 국경이 열려 있다면 이시카심에서 판지강을 건너 아프간의 바닥샨주로 내려가면 길은 카불로 이어질 것이다. 금단의 땅이 되어버린, 가깝고도 먼 나라 아프가니스탄. 거센 강물 소리가 거리감을 일깨워 주었다.

4

파미르의 꿈

도시의 속도에 비해 느리지만, 오랜 시간에 걸쳐 만들어진 지역의 생태와 문화를 지켜가는 파미르 사람들. 자연이 준 선물인 호수와 온천을 활용하고, 여행자들과 집을 나누고, 버려진 컨테이너를 활용해 자신의 터전을 지켜가는 모습은 파미르에 찾아온 위기를 기회로 만들 줄 아는 지혜를 보여준다. 파미르에 사는 사람들은 변화 속에서도 적응하며 지속 가능한 파미르를 꿈꾼다.

여행자를 맞는 주민들

파미르에 사는 사람들이 험난한 파미르를 떠나지 않고 살아가는 길 중의 하나가 게스트하우스 운영이다. 자기 집의 일부분을 여행자들에게 내어주고 파미르를 안내하여 그 수익으로 자신들의 생계를 꾸리며 살아간다. 어떤 게스트하우스를 가든지 온 가족이 달라붙어서 여행자를 돕는다. 터전을 지키고 살려는 마음이 담겨 있었다.

저녁과 아침 식사를 포함하여 하룻밤에 15달러. 파미르 게스트하우스의 평균 숙박비다. 도시와는 비교가 안 되는 저렴한 가격이다. '맛있는 음식을 제공하는 좋은 숙소'라고 말할 수는 없지만, 모든 것이 부족하고 열악한 환경이라 바람과 비를 피할 수 있는 것만으로도 감사할 일이다.

무르갑의 게스트하우스를 떠올리면 창가에 나란히 놓여 있던 책가방 네 개가 떠오른다. 게스트 하우스는 딸 둘, 아들 둘을 둔 부부가 운영하고 있었다. 전통 가옥 한 채, 신축 건물 한 채, 그리고 키르기스 전통 유르트 한 채로 된 집이었는데, 여행자에게 신축 건물을 내어주고 그들은 전통 주택에서 머물렀다.

유목민의 문화가 강한 파미르 사람들은 온 가족이 한 방에 모여 생활하는 전통이 있다. 주인 가족도 마찬가지였다. 부엌의 아궁이를 중심으로 양쪽으로 마루가 나뉘어 있는데, 아이들 네 명과 부모가 옹기종기 모여서 생활했다. 집안은 앞이 잘 보이지 않을 정도로 어두웠고, 아궁이에 사용하는 연료 때문에 매콤한 연기 냄새가 났다.

어두컴컴한 집안에서 유독 네 개의 책가방이 빛나고 있었다. 무심히 놓인 책가방이었지만, 주인 부부의 마음이 그려졌다. 부엌방의 창가에 나란히 놓인 책가방 네 개에는 아이들의 꿈을 위해서 고단함도 잊고 일하는 주인 부부의 마음이 담겨 있었다. 집의 좋은 곳은 여행자들에게 내어주고 비좁은 방에서 옹기종기 보내는 가족들, 어둠 속에서 부모님을 도와 여행자들에게 저녁을 나르는 아이들의 선한 눈매가 잊히지 않았다.

이른 아침, 주인아주머니와 주인아저씨의 손길이 바빴다. 여행자들의 아침을 준비한 후에는 학교에 가는 아이들의 준비를 도왔다. 아주머니는 재봉틀로 급히 아이의 교복을 수선하고 있었다. 햇살이 비치는 마루에 앉아서 재봉틀을 돌리고 있는 아주머니를 보니 마치 어린 시절의 부모님을 보는 듯도 했다. 머지않아 이들도 파미르 밖으로 아이들을 보내야 할 것이다. 그것이 이곳 아이들의 꿈이다. 그런 면에서 교육은 아이들이 세상으로 나갈 수 있는 유일한 수단이기도 했다.

파미르의 서부 도시 칼라이쿰(Qalai Khumb)의 게스트하우스는 집의 규모가 제법 컸다. 대문에 빼곡하게 붙은 여행자들의 스티커와 방명록으로 보아 이곳을 찾는 여행자가 많다는 것을 알 수 있었다. 우리 일행 외에 말레이시아에서 여행 온 가족이 있어서 게스트하우스 가족이 분주히 일했다. 중학생 정도로 보이는 아들 둘을 둔 부부가 운영하는 집이었는데, 요리는 아주머니가, 손님 시중은 집안의 남자들이 도맡고 있었다. 아들들이 방과 후에 교복을 입은 채 집안일을 돕던 모습이 눈에 들어왔는데, 아침에도 학교에 가기 전까지 아버지를 도와 손님들의 식사를 날랐다.

파미르 여행은 여행자를 돕는 게스트하우스 가족이 있기 때문에 가능하다. 모든 것이 부족한 파미르였지만, 자신들이 가진 것을 기꺼이 내어주는 파미르 사람들의 진심 어린 환대는 여행자가 현지에서 만날 수 있는 그 어떤 것보다 값지다. 이러한 점이 파미르를 단순한 여행지가 아닌 사람, 그리고 자연을 통해 치유 받을 수 있는 공간으로 만들고 있다.

버려진 컨테이너를 활용하다

무르갑의 해발 고도는 3,650m. 동부 파미르에서 가장 높은 곳에 있고, 가장 큰 도시로 불린다. 그렇지만 도시라고 부르기에는 소박한 편이다. 그냥 마을이라고 할 정도다. 여름에는 기온이 40도까지 올라가기도 하고, 겨울에는 영하 40도로 떨어지기도 하는 곳이라 살아가기에도 힘들다.

삭막한 이곳에 사람들이 터를 잡고 살게 된 것은 무르갑이 파미르고원의 교차로이기 때문이다. 실크로드가 번영할 당시에는 역참마을로 번성했다. 그 후 1892년에 러시아 군대가 이곳에 주둔하면서 무르갑은 두 번째 전성기를 맞았다. 러시아가 이곳을 군대의 국경기지로 만든 것이다. 빵집과 상점, 약국 등 편의시설도 생기며 제법 큰 도시가 되었다. 그러나 몇 년 후, 군대의 요새가 호르그로 옮겨지면서 무르갑은 다시 쇠락해졌다.

볼 것 없는 이 도시에 사람들이 머물 일이라고는 전혀 없어 보인다. 하지만 파미르 여행자들은 이곳에서 쉬고 간다. 중국에서 오는 여행자는 장사를 위해, 파미르 여행자는 거친 파미르고원을 넘으며 지친 몸을 쉬거나 해발 고도에 적응하며 하루 이틀 머문다. 게다가 사람들을 무르갑으로 부르는 또 하나의 이유가 있다. 컨테이너 바자르 때문이다.

"무르갑에 간다면, 컨테이너 바자르에는 꼭 가봐야 해."

마을 중심가에 독특한 바자르가 있다. 파미르를 오가던 컨테이너를 다닥다닥 붙여서 상점으로 개조한 바자르이다. 타지키스탄이 소련으로부터 독립한 후 중국과 중앙아시아 사이에 물자 교류가 활발해지면서 중국의 트럭들이 파미르고원을 넘기 시작했다. 교역량이 많아지면서 컨테이너들이 무한정 파미르고원으로 밀려들었다. 그런데 컨테이너를 실은 트럭들이 험한 파미르고원을 넘다가 사고가 나자 무르갑에 컨테이너를 버리고 갔다. 무르갑 사람들은 버려진 컨테이너를 이용해 시장을 조성했다. 컨테이너를 재활용한 것이다.

전기용품, 기념품, 핸드폰, 문구점, 식료품, 옷, 야채, 과일 등 다양한 품목을 팔기 시작하면서, 바자르는 활기가 돌았다. 삭막하면서도 기묘한 풍경이 되었다. 지금은 값싼 중국 물품들이 들어와 파미르고원의 명물 시장이 되었다. 춥고 건조하고 볼 것 없는 이 마을이 컨테이너 바자르로 인해 유명해진 것이다. 쇠퇴일로를 걷던 무르갑이 전 세계 여행자가 찾는 명소가 되어 명맥을 유지할 수 있게 된 것은, 지역의 자원을 슬기롭게 활용한 사람들의 지혜 덕분이었다.

무르갑에는 타지키스탄인보다 키르기스인이 더 많다. 바자르를 운영하는 이들도 대부분 키르기스인이다. 소련이 중앙아시아를 지배하던 시기에 민족과 문화, 지리적인 환경을 고려하지 않은 채 국경선을 결정한 결과이다. 무르갑은 키르기스인이 더 많이 사는 곳이지만, 그때 만들어진 국경선 때문에 타지키스탄 영토가 되었다. 무르갑의 키르기스인은 타지키스탄 문화를 따르기보다 키르기스스탄 문화를 지켜나가고 있다. 예를 들어 타지키스탄과 키르기스스탄 사이에는 한 시간의 시차가 있는데, 무르갑은 키르기스스탄 시간을 사용한다. 키르기스스탄의 화폐가 통용되기도 한다. 키르기스스탄 전통 복장을 하고, 키르기스스탄의 전통 악기와 노래를 배운다.

파미르 여행을 도운 통역 가이드 아프타 가족 역시 무르갑의 바자르에서 장사하고 있었다. 그의 할머니가 생필품 가게를 운영하는데 비슈케크에 있는 그의 부모님이 오가며 할머니의 장사를 돕고 있었다. 갑작스러운 환경 변화 속에서도 적응하며 살아가는 방법을 잘 알고 있는 듯했다.

자연을 활용하는 지혜

파미르의 온천

'초록빛 호수'라는 뜻을 가진 야실쿨 호수(Yasilkul Lake)에 갔을 때다. 야실쿨은 댐 때문에 생겨난 호수다. 하지만 인간이 만든 것이 아니라 빙하 퇴적물이 쌓이고 쌓여 알리추르 강을 막아 생겨난 자연의 산물이다. 댐의 길이만 4km에 너비는 100m가 넘을 정도로 규모가 상당히 커서 호수의 물에 손이라도 담가 보려면 한참 걸어가야 했다. 야시쿨 호수로 내려가는 길은 마치 백두산의 소천지로 걸어가는 길 같았다. 고요한 호수에 손을 담그니 물이 얼음물처럼 차가웠다.

"이곳에서는 온천을 할 수 있어요."

놀랍게도 야실쿨 호수에는 노천 온천이 있었다. 나무로 얼기설기 엮어서 가린 엉성한 곳이었지만, 온천이 분명했다. 남자들이 야실쿨 호수에 발을 담그고 쉴 동안 온천을 하기로 했다. 물은 생각만큼 따끈하지는 않았지만, 물에 몸을 담그는 것만으로도 피로가 풀렸다.

누구든지 파미르의 온천 이야기를 하면 놀랄 것이다. 나 역시 파미르에 온천이 있을 것이라고는 생각지 못했다. 하지만 무르갑 근처 마디안 계곡에 온천이 있었고, 야실쿨 호숫가에서도 엉성한 노천 온천을 경험했다. 와칸 회랑을 지나쳐 오는 길에는 탄산수가 흘러나오는 곳에서 약수를 마시기도 했다. 철 성분이 많은지 주위가 온통 붉었다. 마치 우리나라 달기 약수 같은 맛이었다. '비비 파티마(Bibi Fatima)' 온천과 '가름 차쉬마(Gharm Chashma)' 온천은 파미르의 대표적인 온천이다.

비비 파티마 온천은 얌춘 요새에서 1km 정도 더 산길을 올라가면 나타난다. 폐허로만 남아 있는 얌춘 요새보다, 당장의 피로를 풀어줄 비비 파티마 온천이 더 마음을 끌었다. 비비 파티마 온천은 무슬림에게 유명한 순례지이기도 했다. 아랍의 유명한 종교 지도자였던 예언자 무하마드의 딸 이름에서 유래된 온천이기 때문이다. 이런 종교적인 영향 때문인지 온천수에 몸을 담그면 치유의 힘이 있다고 알려져 꽤 많은 사람이 찾아오는 곳이다. 온천수는 여성들에게 인기가 많았다. 아이를 못 낳는 사람이 이곳에서 목욕하면 아이를 낳을 수 있다고 믿고 있었다. 온천 가는 길에는 여러 채의 게스트하우스가 있는데, 게스트하우스에 묵으면서 온천을 즐기는 사람도 있다.

"안녕하세요?"

벗은 몸으로 온천으로 들어오는 두 여성과 어색한 인사를 나눴다. 온천은 남녀가 이용하는 공간이 달랐고, 여자들의 탕은 몇 개의 조그만 방으로 나뉘어 있다. 타인에게 몸을 보여주지 않는 이슬람 문화의 특징을 반영한 듯 가족별로 나누어 이용할 수 있는 구조였다. 따끈하고 매끈한 물은 정말 좋은 온천수였다. 한 30분 정도 머물렀을 뿐인데도 피로가 풀릴 정도로 몸이 가뿐해졌다. 온천수는 피로를 풀어주기에 그저 그만이었는데, 비누나 샴푸는 사용 금지여서 온천물에 몸만 담글 수 있었다. 그래도 물이 좋아 여행자들에게 인기가 많은 온천이다.

가름 차쉬마 온천 역시 이슬람과 관련된 전설이 서린 곳이다. 이슬람 성인 알리가 용과 싸우다가 칼로 땅을 치자 뜨거운 물이 뿜어져 나와 온천이 만들어졌다고 전해진다. 남자들의 온천탕은 야외에 있고, 여자들의 온천은 실내에 있다. 비비 파티마 온천이 맑은 옥빛을 자랑한다면 이곳은 우윳빛을 띤다. 석회 온천이었다. 터키의 파묵칼레와 비슷한 느낌을 준다. 많은 양의 황화수소, 규소, 철, 마그네슘 같은 치유 물질을 포함한 이곳의 온천수 역시 피부병에 좋다고 알려져 찾는 사람들이 많다.

가름차쉬마 온천에서도 한가로이 온천욕을 즐겼다. 하루에 두 군데서 온천욕을 했다. 그간 쌓인 여독이 말끔히 풀려나가는 듯했다. 온천에서 나오는 길에 랑가르의 게스트하우스에서 함께 숙박했던 여행자들을 만났다. 우리보다 좀 늦게 도착한 그들 역시 온천으로 피로를 풀 작정이었다. 파미르는 험한 여행지여서, 앞선 여행지에서 만났던 여행자와 다시 마주치면 더 반갑다. 서로의 여행을 격려하다 보면 마치 동지가 된 듯도 하다.

비비 파티마 온천과 가름 차슈마 온천 외에도 와칸 계곡의 다른 마을에는 알려지지 않은 작은 온천이 제법 있다. 종(Zong) 마을에 여덟 곳, 시르진(Shirgin)에 한 곳, 아브지(Avj)에 두 곳이 있는데, 안과 치료로 유명한 온천도 있다. 거칠고 황량한 파미르이기에 온천이 주는 기쁨은 더 크다. 파미르 여행의 피로를 풀어주는 온천은 다른 곳에서는 느낄 수 없는 파미르만의 즐거움이 있다. 파미르의 온천은 하늘이 내려준 선물 같은 곳이다.

물고기 요리

파미르는 아무것도 없을 것 같은 황량한 땅이지만, 자세히 들여다보면 지역마다 색깔이 다르다. 무르갑에서 알리추르로 가는 길은 호수를 만나는 즐거움이 크다. 무르갑을 출발한 지 얼마 지나지 않아 눈길을 사로잡는 호수를 만났다. 눈이 부실 정도로 맑고 푸른 호수다. 파미르를 품은 작은 호수가 여행자를 매료시킨다. 자동차 여행자든, 자전거 여행자든 이곳에서는 누구든 잠시 쉬어갈 것 같다.

호수의 이름은 악불락(Ak Balyk). '흰 물고기 연못(white fish spring)'이라는 의미다. 물고기가 많아서 붙여진 이름이었다. 6월이면 호수로 이어진 강에서 물고기 떼가 몰려온다고 하는데, 물이 맑아서 호수의 밑바닥이 다 보였다. 자세히 보니 호수로 흘러들어오는 작은 개울이 실처럼 이어져 있다. 초원지대여서 6월이면 짙은 초록이 일렁였을 것이다. 호수 주변은 온통 잿빛이던 무르갑과는 사뭇 다른 분위기여서 딴 세상으로 온 듯하다. 이곳에서는 해발고도도 낮아져서 숨쉬기가 한결 편하다. 호숫가를 산책하고 사진을 찍으며 오랜만에 여유를 즐겼다.

"이곳에서는 물고기 요리를 맛볼 수 있어요."

"파미르고원에서 물고기 요리를 먹을 수 있다고요?"

악불락 호수의 별미가 물고기 요리였다. 호수에서 잡은 물고기를 요리해 주는 작은 식당이 호숫가에 있었다. 아침을 먹은 지 얼마 되지 않아서 배가 고프지는 않았지만, '파미르의 물고기 요리'에 유혹당해 고개를 끄덕거렸다. 생각지도 못한 일이어서 군침을 삼키며 기다렸다. 드디어 요리가 나왔다. 빙어튀김 정도로 생각했는데, 예상과 달랐다. 상당히 큰 물고기였다. 작은 호수에서 잡힌 물고기치고는 너무 큰 크기여서 놀랐다. 맛이 좋았다. 게 눈 감추듯 접시를 비웠다. 파미르에서는 식사가 단조롭다. 잼을 곁들인 빵과 버터와 치즈, 그리고 초콜릿과 사탕을 곁들인 차가 전부다. 평소에 빵을 좋아하는 나조차 물릴 지경으로 매일 빵을 먹어야 했다. 그런데 이곳에서는 눈뿐 아니라 입까지 호강했다. 어떻게 이곳에서 생선요리를 먹을 수 있게 된 것인지 궁금해졌다.

물고기 요리를 즐길 수 있는 곳이 또 있다. 부룽쿨(Bulunkul) 마을이다. 부룽쿨 마을은 오래전부터 파미르고원을 넘는 대상들이 쉬어가던 카라반사라이가 있던 마을이다. 파미르의 오아시스 마을인 셈이다. 지금도 파미르고원 여행자에게 휴게소 역할을 하고 있다. 중국에서 중앙아시아로 오가는 컨테이너 차량이 늘어나면서 물자를 수송하는 차량이 쉬어 가는데, 간이식당을 겸한 게스트하우스가 있다. 우리도 부룽쿨 마을에 잠시 쉬기로 했다.

주변은 부룽쿨 호수(Bulunkul Lake)와 야실쿨 호수였다. 브룽쿨 마을에 머물면서 알리추르 계곡을 트레킹하다 보면 '호수의 나라'로 불리는 타지키스탄의 면모를 즐길 수 있다. 우리도 게스트하우스에 점심 식사를 주문해놓고 호수에 다녀오기로 했다. 마을에서 출발한 지 얼마 못 가 부룽쿨 호수에 도착했다. 입구에는 입장료를 받는 매표소가 있지만, 직원이 없었다. 여행자가 별로 없는 계절이라서 그런 모양이었다. 부룽쿨 호수에서 물고기 요리의 비밀을 알게 되었다.

부룽쿨 호수는 소비에트연방 시절에 정부가 양어장으로 만들기 위해 호수에 물고기 종자를 키우던 곳이다. 그 후로 호수에는 물고기가 많아졌고, 먹거리가 부족한 이곳의 좋은 양식이 되었다. 파미르 사람들은 원래 생선요리를 먹지 않았지만, 호수의 물고기는 척박한 부룽쿨 마을에 새로운 먹거리가 되었다. 생산량도 풍부해 이곳을 찾는 여행자들에게 판매까지 할 수 있을 정도다. 부룽쿨 마을은 생선 요리로 유명해졌다. 이곳 사람들은 5월부터 10월까지만 호수에서 물고기를 잡는다. 앞으로도 물고기는 이곳의 좋은 양식이 될 것이다.

부룽쿨 호수는 마을 사람들에게 '어머니의 품' 같은 곳이었다. 아이들은 호수로 이어지는 개울에서 헤엄치며 놀고, 아주머니들은 빨래를 하고, 남자들은 물고기를 잡는다. 빨랫감을 풀밭 위에 펼쳐놓고 개울에서 빨래하는 아주머니가 보였다. 내가 어렸을 때도 엄마는 큰 양동이에 빨랫감을 담아가서는 동네 앞으로 흐르는 강에서 빨래했다. 엄마가 빨래하는 강가에서 우리는 여름이면 멱을 감고 겨울에는 얼음을 탔다. 지금은 4대강 사업으로 그런 풍경을 찾기 힘들어졌다. 강폭이 넓어지면서 물이 줄어 강은 접근하기 어려운 곳이 되었다. 자연과 인간 사이에 경계가 생긴 것이다. 부룽쿨 호수만큼은 자연과 인간의 경계가 없는 현재 모습 그대로 지속되기를 바랐다.

점심을 먹은 후 부룽쿨 마을을 한 바퀴 돌아보았다. 마을 사람들의 집 앞에는 말린 야크 똥이 마치 탑처럼 쌓여 있었다. 겨우내 땔감으로 사용할 것이었다. 부룽쿨 사람들은 야크를 키우며 살아간다. 그들에게 야크는 아주 유용한 동물이다. 야크 없는 삶은 생각할 수 없다. 아침마다 야크 젖을 짜고, 야크 젖으로 만든 버터와 요구르트를 먹는다. 야크 고기를 먹고, 야크 털을 옷감으로 사용한다. 야크 배설물은 연료로 이용한다. 여름 내내 야크 배설물을 말려서 장작처럼 재어두고 사용한다.

'세계의 지붕'이라 불리는 파미르고원의 사람들이 보내는 1년은 척박하다. 이곳에도 사계절은 있지만 평균 해발 고도 5,000m의 지역에서 이뤄지는 삶엔 겨울이 관통하고 있었다. 여름조차 겨울을 준비하는 시기다. 만년설과 빙하가 녹아 부드러워진 흙을 물과 함께 짓이겨 만든 흙벽돌로 축사를 만들고, 부지런히 소똥을 말려 창고 가득 쌓아둔다. 겨울이 오기 전 미리미리 우물도 보수

해야 한다. 하늘과 땅이 맞붙은 것만 같은 겨울, 온통 눈 세상에서 살아가는 삶. 이곳의 사람들은 자연이 준 선물인 호수의 물고기와 온천을 활용해 이곳에서 터전을 지켜간다. 척박한 땅에서도 생명을 꽃피워 가듯, 모두 각자의 역할을 성실히 수행하며 조화로이 살아가며, 지구에 몇 남지 않은 청정지역을 지키는 사람들이다.

파미르를 살아 움직이게 하는 힘

파미르를 여행자가 자유롭게 다닐 수 있게 된 것은 '-스탄' 국가들이 독립하면서부터다. 여행은 가능해졌지만, 험난한 도로, 정치적 위험, 여행 인프라의 부족으로 여전히 여행이 쉽지 않았다. 하지만 파미르의 현지 사정도 조금씩 변화하기 시작했다.

파미르가 변화하게 된 이유는 지역민들이 파미르를 터전으로 지키며 살아갈 수 있는 길을 모색했기 때문이다. 게스트하우스를 운영하며 여행자들에게 숙소를 제공하고 파미르의 전통을 여행자와 공유하고 트레킹 가이드로 활동한다. 버려진 컨테이너를 시장으로 만들어 운영하고, 옛 소련 시절 양어장으로 활용하던 호수의 물고기를 먹거리로 이용하며 여행자들과 나눈다. 유목의 전통을 이어가며 파미르의 삶을 이어가려고도 노력한다.

파미르에 사는 사람들을 돕는 단체도 있다. 키르기스스탄의 CBT(Community Based Tourism)와 아가 칸 재단(Aga Khan Foundation)은 파미르의 지역민이 터를 지키며 살아갈 수 있도록 지원하는 대표적인 단체다. 여행자와 지역민을 이어주고, 여행 프로그램을 만들고, 지역민들의 환경 개선에 도움을 준다.

키르기스스탄, CBT

갓 수확한 호두를 잔뜩 채운 자루를 말에 매달고 집으로 가는 주민들 사이로 달리는 '호두나무 숲속 마라톤', '아이들과의 씨름', '당나귀 경주', '키르기스스탄 전통 요리 체험'은 제목만으로도 흥미를 끈다. 이런 재미난 프로그램을 기획해 운영해가는 곳은 키르기스스탄 CBT이다.

CBT는 지속 가능하고 건전한 생태 관광으로 낙후된 지역민들의 소득을 올리고 생활 조건을 개선하려는 목적으로 설립된 단체이다. 주로 여행자와 현지인을 연결하는 프로그램을 적극적으로 만들고 소개한다. 지역의 자연, 문화 보호, 지역사회 개발이 중심이 된 생태관광을 원칙으로 하고 지역민들의 숙박시설을 이용해 여행자와 지역민이 만날 수 있도록 돕는다. 또한 트레킹, 승마 체험을 지역의 전통 홈스테이와 연계한다. 현지인들은 CBT의 도움으로 자신들의 문화를 유지해가는 방법을 모색하고, 여행자는 CBT를 통해 현지 사람들과 교류하고 키르기스스탄 문화를 직접 배울 수 있다.

내가 머물렀던 사리모굴의 CBT도 여행자가 지역민들의 집을 숙소로 이용할 수 있도록 돕고, 다양한 프로그램을 제공하고 있었다. 7월에는 툴파쿨 호수에서 야크와 말을 타고 게임을 즐기는 축제를 열고, 목요일 아침마다 열리는 야외 시장과 가축시장, 키르기스스탄 사람들의 주식인 빵 만들기 워크숍, 지역 수공예품 시연 등의 프로그램에 여행자가 참가할 수 있도록 소개도 한다. 그 덕분에 사리모골을 찾는 여행자들이 늘고 있었다. 알라이 계곡 주변 트레킹 여행자 중에는 며칠씩 머무는 여행자도 있었다. CBT는 파미르를 지켜가기 위한 프로그램을 지속적으로 만들어 여행자와 현지인이 교류할 수 있도록 돕고 있었다.

타지키스탄, 아가 칸 재단

고요한 무르갑의 아침. 산책길에 나섰다. 날씨가 쌀쌀했다. 집집마다 굴뚝으로 연기가 피어오르고 있었다. 마을의 공동 우물에서 할머니 한 분이 펌프질을 해서 물을 긷고 있었다. 우물이 있는 건물 앞에는 아가 칸 재단, 핀란드 외무부, 타지키스탄 정부가 공동으로 지원했다는 안내판이 세워져 있었다.

파미르에서는 아가 칸 재단의 힘이 특히 크다. 물뿐 아니라 전기를 공급하는 사업까지 벌였다. 그 덕분에 소수의 가구에서 하루에 열두 시간만 사용할 수 있었던 전기를 온종일 사용할 수 있게 되었다. 여전히 전압이 낮아서 전열기를 사용하는데 제약은 있지만, 전깃불을 켜고 저녁을 먹을 수 있다는 것만으로도 주민들은 행복해했다. 어둠이 찾아오는 무르갑을 산책하면 노란 불빛이 창문으로 새어 나오는 집들이 따뜻해 보였다.

아가 칸 재단은 이슬람의 분파인 이스마일파의 49대 이맘(영적 지도자) 아가 칸(Aga Khan)이 설립한 재단이다. 아가 칸 재단은 파미르의 사람들에게 교육, 금융, 보건 등 체계적 지원을 하고 있다. 타지키스탄 내전 당시 고립되었던 파미르 사람들에게 헬기로 식량을 공급하기도 했다. 구소련이 무너진 후, 타지키스탄 내 구 공산당 세력과 파미르 지역을 중심으로 한 반군과의 내전이 있었다.

그때부터 지금까지 30년 가까이 집권하고 있는 에모말리 라흐몬 대통령은 러시아와 우즈베키스탄의 도움으로 내전을 제압했지만, 이 지역에서 완벽한 통치권을 가지지 못하고 있다. 대신에 아가 칸이 파미르의 정신적인 지도자 역할을 한다.

아가 칸 재단 로고는 곳곳에서 찾을 수 있었다. 비비 파티마 온천에서도 아가 칸의 지원으로 온천 건물을 보수했다는 안내가 있었고, 학교 건물에는 어김없이 아가 칸 재단에서 후원했다는 문구가 있었다. 아가 칸 재단은 병원과 학교를 건설하여 지역 사회에 봉사하고 지역 경제를 구축하기 위해 사람들과 협력한다. 특히 지역 사회와 협력하여 삶의 질을 향상하려고 노력한다. 유아교육, 청소년 교육, 여성 교육에 적극적이고 농촌을 지원하여 사람들이 자립할 수 있도록 돕는다. 0세에서 8세 사이의 어린이가 양질의 교육을 받을 수 있도록 어린이와 지역사회에 충분한 자원과 지원을 제공한다.

여행자들에게 영어로 인사하는 어린아이들과 여성들이 많은 것도 아가 칸 재단이 교육을 적극적으로 돕기 때문이다. 단순히 물질적으로 돕는 것이 아니라 그들의 삶이 지속 가능할 수 있도록 돕는 아가 칸 재단은 파미르를 계속 살아 움직이게 하는 힘이다.

5

파미르를 지키는 사람들

지금의 파미르를 있게 한 이들도, 앞으로의 파미르를 있게 할 이들도 모두 파미르 사람들이다. 7남매의 장남으로 엄마를 도와 농사를 짓고 양봉하며 집안을 꾸려가던 무하메드, 부룽쿨의 학교를 지키는 선생님, 유목 생활의 지혜를 주고받는 목동, 박물관을 지키며 지역민들에게 전통을 가르치고 여행자에게 파미르의 삶을 전하는 박물관 관리인. 이들은 모두 자신을 지키며 동시에 파미르를 지키고 있었다. 그들 덕분에 파미르는 여전히 숨 쉰다.

고향을 지키는 청년

유목 생활의 역사가 깊은 파미르에서는 나그네를 환대한다. 손님은 복을 가져다주는 존재라고 생각해 융숭히 대접한다. "집을 밟는 다리가 많을수록 양식도 풍성해진다"라는 속담이 있을 정도다. 멀리서 손님이 오거나, 시집간 딸이 사위와 함께 오면 친척이나 가까운 이웃을 불러 양이나 닭을 잡고 전통 음식인 볶음밥 플로프(Plov)를 함께 나눈다. 그러면 초대받은 이들은 자기네 집으로 또 손님을 초청해 음식을 대접하기도 한다.

나 또한 운 좋게 현지인 집에 초대받는 행운을 얻었다. 나를 초대해 준 친구는 결혼을 두 달 앞둔, 27살 청년 무하메드였다. 그와는 수사미르에서 오쉬로 가는 길에 만났다. 수사미르에서는 오쉬로 가는 차량이 없어 히치하이킹을 해야 했다. 우리는 일행이 세 명이어서 차를 얻어 타기가 쉽지 않았는데, 이미 세 명이 타고 있는 소형 자동차가 우리를 태워줬다. 뒷좌석에 네 명이 끼어 앉아 거의 12시간을 타고 왔다. 무하메드는 우리를 태워준 자동차 주인의 친구였다.

우리에게는 공통의 언어가 없었다. 그는 러시아어를 했지만, 영어를 못했고, 나는 러시아어를 못했다. 우리는 번역기를 돌려가며 대화를 나눠야 했다. 지나가는 말로 현지인의 집에 가보고 싶다고 했는데, 그가 내 말을 마음에 담아둔 모양이었다. 그가 자기 고향 집으로 초대했다.

그의 고향은 오쉬에서 두 시간 넘게 걸리는 시골이었다. 버스와 택시를 몇 번이나 번갈아 타며 가야 했다. 깨끗하게 비질해서 물을 뿌린 대문 앞에서 그의 어머니가 맞아주었다. 키르기스스탄 여인들이 쓰는 스카프를 하고 환한 웃음을 짓는, 너그러운 표정의 어머니였다. 키르기스스탄을 여행하는 동안 집 창가에 놓인 은주전자를 보곤 했는데, 무하메드의 집에서 은주전자의 용도도 알게 되었다. 은주전자는 손님맞이 물통이었다. 손님이 오면 은주전자에 담긴 물로 손을 씻게 한 후 집 안으로 맞았다. 우리는 무하메드 어머니가 부어주는 물로 손을 씻은 후 집 안으로 들어갔다.

문을 열자마자 마주친 풍경에 깜짝 놀랐다. 거실 한가운데에 키르기스스탄 전통 방식 그대로 손님맞이 상이 차려져 있었다. 과일, 꿀, 버터, 치즈, 차, 과자, 빵이 풍성했다. 스무 명이 먹고도 남을 양이었다. 마치 어렸을 때 보곤 했던, 결혼식 날 신부가 받는 상차림 같았다. 신에게 감사 기도를 올린 후 식사가 시작되었다. 따뜻한 차를 마시자 양고기 수프가 나왔고, 양고기 볶음밥이 큰 접시에 담겨 나왔다. 무하메드는 양고기를 먹기 좋게 썰어주었다. 식사는 신에게 감사 기도를 드리는 것으로 끝났다.

키르기스스탄에서는 초대받아 다른 사람의 집에 갈 때는 과일이나 꽃 같은 작은 선물을 준비한다. 우리는 무하메드의 집에 가면서 수박과 사과를 시장에서 사고, 그의 어머니에게 드릴 스카프를 준비했다. 그런데 무하메드의 집 텃밭에는 사과가 주렁주렁 열려 있고, 온갖 과일나무들이 있었다. 사과나무집에 사과를 선물한 것이어서 웃음이 났다.

손님을 맞이하는 공간은 집의 중심인 거실이다. 집을 지을 때부터 손님을 맞이할 공간을 미리 생각하고 짓는다. 주변보다 조금 낮게 만든 거실 한가운데가 식탁인 셈이다. 그곳에 예쁜 보자기를 깔고 음식상을 차린다. 이것을 다스토르콘(dastorkon)이라고 한다. 다스토르콘 주위로 둘러앉아 밥을 먹고 이야기를 나눈다.

부엌에 식탁이 자리 잡고 있듯이 거실 바닥에 식탁이 있는 셈이다. 이때는 윗사람이나 먼저 자리에 오른 사람이 상석에 앉는 것이 예의다. 다스토르콘을 밟거나 다스토르콘 위를 걸어 다녀서는 안 된다.

무슬림 전통으로 인해 식사 전후에 신에게 기도를 드린다. 두 손을 얼굴 위에서 아래로 내리면서 '오민(omin, 아멘)'이라고 말한다. 무하메드의 어머니가 식사 전과 후에 신에게 인사드리는 모습은 아주 강렬한 인상으로 남아있다.

식사에서 빵은 아주 중요하다. 빵은 생명의 상징으로 언제나 평화와 우정의 표시로 나눠 먹는다. 우리나라 사람들이 밥을 조심스럽게 아끼듯이 그들도 빵을 우리의 밥처럼 생각해 섣불리 취급하지 않고 귀하게 여긴다. 손님이 아무것도 먹지 않고 금방 돌아가는 경우 손님이 나갈 때 집주인이나 집 안에 있던 사람이 손님에게 빵을 내민다. 그러면 손님은 '신이 축복하시길'이라는 뜻을 담은 말을 하면서 집주인이 내민 빵의 끝을 조금 떼어내서 먹고 두 손을 모아 기도하듯이 '오민'이라고 말한다. 우리가 무하메드의 집을 떠나올 때 그의 어머니는 우리에게 빵을 듬뿍 싸주셨다.

키르기스스탄 사람들은 또한 뜨거운 차를 즐겨 마신다. 마치 우리가 숭늉을 마시는 것과 같다. 손님이 다스토르콘 주변에 앉으면, 주인은 손님에게 차를 권한다. 말 젖을 발효시킨 '크므스',

'카이막(신맛이 나는 크림)', '아이란(요구르트)', '사리마이(버터)' 같은 우유제품이나 곡식을 발효시킨 '막심', '보조' 등의 음료를 내어놓기도 한다.

무하메드 가족은 독실한 무슬림이었다. 7남매의 장남인 무하메드는 6년 전 아버지가 돌아가시자 가장이 되었다. 러시아에서 일하는 동생이 있고, 아직 학교에 다니는 동생도 있었다. 할아버지가 물려준 유산인 양봉을 하고, 양을 키우며 그와 어머니가 집안을 꾸려가고 있었다. 가부장적인 이슬람 문화에서 그는 어깨에 짐을 잔뜩 진 가장이었다. 그의 집을 나설 때 어머니는 음식을 잔뜩 싸서 우리 손에 들려주었다. 집에 온 손님을 빈손으로 돌려보내지 않는 것이 키르기스스탄 전통이라고 했다.

무하메드의 집을 다녀오며 유목민 문화에서 특히 손님을 극진히 대접하는 풍습이 생긴 이유를 생각해 보았다. 유목민은 광활한 대지에서 살아간다. 나그네를 환대하는 일은 누구든 겪을 수 있는 어려운 때를 대비한 것일지 모른다. 척박한 초원과 사막에서는 먹을 것을 구하지 못하면 생명을 잃을 수도 있다. 갑자기 내린 눈 때문에 꼼짝 못 할 수도 있고, 친척을 찾아 먼 길을 떠났다가 어려운 일을 당할 수도 있다. 그러나 누구라도 기꺼운 마음으로 손님을 맞이해 준다면, 예기치 못한 상황에 맞닥뜨리는 것이 두렵게 느껴지지 않을 것이다. 어쩌면 나그네를 환대하는 일은 생명을 구하는 성스러운 일인지도 모른다.

파미르 여행 후 코카서스 지방을 여행하고 있을 때, 무하메드는 자신의 결혼식에 나를 초대했다. 안타깝게도 교통편이 여의찮아 그의 결혼식에 참가하지 못했지만, 무하메드는 그 이후로도 소식을 보내왔다. 어여쁜 모습의 신부, 새로 꾸민 집, 새로 산 자동차 등 그의 가족이 살아가는 모습이 담긴 사진을 보며 그가 살아가는 모습을 그려보았다. 내가 만난 무하메드는 언제까지고 고향 마을을 지키며 자신이 소중히 여기는 것들을 지켜갈 것이다.

아이들의 꿈을 응원하는 선생님

직업은 못 속인다고 나는 어디서든지 학교를 기웃거린다. 내가 여행하는 곳의 아이들은 어떤 꿈을 꿀까? 학교생활은 어떨까? 선생님들은 어떨까 궁금하다. 기회가 되면 학교를 방문해 신분을 밝히고 수업 참관을 할 수 있는지 묻는다. 수업 참관이 가능하면 참관하고 인터뷰가 가능하다면 선생님을 인터뷰하기도 한다. 이번 여행에서도 마찬가지였다.

부룽쿨 마을에도 4학년까지 다니는 초등학교가 한 곳 있었다. 아이들은 이 학교를 졸업하면 호르그나 무르갑 같은 큰 도시에 있는 상급학교로 진학한다. 타지키스탄에서는 교육비가 무료다. 곳곳에 학교를 세우고 교육의 가치를 높이 평가한 옛 소련 덕분이다. 학생들이 도시에 있는 상급 학교로 진학하면 기숙사비를 비롯한 학비는 국가에서 부담한다. 파미르의 사람들도 교육을 중요하게 생각한다. 특히 유아 교육을 '인생의 골든타임'이라고 생각할 정도여서 유치원 교육에도 힘쓰고 있었다. 그렇다고 해서 교육 여건이 좋은 것은 아니다. 학생 수에 비하면 학교와 교사는 턱없이 부족하지만, 교육을 중요하게 여기는 선생님들 덕분에 파미르에서는 작은 마을이라도 학교가 운영되고 있었다.

> "아가 칸 재단, 타지키스탄 정부, 핀란드 외무부, 핀란드 물 관리 프로그램에서 지원, 2015년에 시작하여 2016년에 보수 완료. 부룽쿨 8번 초등학교."

부룽쿨 초등학교 건물 입구에는 여러 곳의 지원으로 학교가 수리되었다는 안내 문구가 있었다. 조그만 건물 한 채뿐인 학교였지만, 도움을 준 곳이 여러 곳이었다. 이 작은 학교에 여러 곳에서 관심을 가지게 된 데는 아이들에 대한 열정이 가득한 선생님의 힘이 숨어 있었다. 부룽쿨 초등학교에서 근무하는 교사 Bahten Ruzadorova 씨. 나는 그녀를 여행 블로그(Kalpak Travel)에 실린 인터뷰 기사로 알게 되었다. 안타깝게도 내가 그곳에 갔을 때 학교는 문이 닫혀 있어서 그녀를 만나보지 못했지만, 파미르의 터전을 지키려고 애쓰는 그녀가 인상 깊었다.

그녀는 부룽쿨에서 태어나 그곳에서 결혼하고, 그곳에서 20년 넘게 교사로 일하고 있다. 그녀는 파미르의 아이들에게 학교가 얼마나 중요한지 아는 사람이다. 그녀는 정부나 국제단체에 학교 수리를 위한 프로젝트 요청서를 제출해 지원받을 수 있도록 하고, 학교에 관심 가지는 여행자에게도 학교를 소개하고 도움을 줄 수 있는 방법을 제시한다.

그녀 덕분에 이곳을 다녀간 여행자 중에는 파미르의 학교에 관심을 갖고, 아이들에게 필요한 것을 다른 여행자를 통해 기증하기도 한다. 책, 컴퓨터, 학용품, 옷 등 다양한 선물이 아이들에게 주어진다. 아이들은 여행자들로부터 온 새 책과 학용품을 이용하며 다른 문화에 대한 호기심을 갖고 먼 곳에 대한 꿈을 꾼다. 여행자들에게 스스럼없이 대화하기도 한다. "안녕하세요? 어디서 왔나요? 여기는 왜 왔나요?"라며 먼저 다가간다. 그녀 덕분에 여행자는 단순히 마을을 스쳐 가는 사람이 아니라 마을과 연대하는 기회를 얻는다. 아이들은 여행자를 통해 다른 문화에 호기심을 갖는다.

파미르를 두고 많은 이들은 흙벽으로 만든 볼품없는 집, 야크가 모든 것을 제공해주는 제한된 삶을 떠올린다. 해발 3,743m의

고도에 사는 척박함과 추운 기후로 인해 풍족하지 않다고 말한다. 물론 파미르를 등지는 이도 있다. 남자아이들은 주로 18살이 되면 대도시나 러시아로 일자리를 찾아 떠나기도 한다. 하지만 파미르에 남아서 자신의 꿈을 이루며 살아가는 부룽쿨 초등학교 선생님과 같은 이들도 있다. 그들은 존재만으로도 파미르의 미래세대에게 특별한 모델이 되어 줄 것이다.

아제르바이잔을 여행할 때 산간 마을 '라이크(Lahic)'에서 한 초등학교 교사의 집에 머문 적이 있다. 그는 낮에는 학교 교사로, 밤에는 마을 사람들과 함께 라이크 마을의 전통문화를 계승하고 시대에 맞게 이어갈 방법을 고민하는 사람이었다. 그는 지역민들이 그들의 집을 게스트하우스로 제공해서 여행자와 소통하고, 아제르바이잔의 전통문화를 지켜갈 수 있도록 도왔다. 그 덕분에 라이크 마을은 예술과 수공예를 비롯한 전통문화를 이어오고 있는 마을로 유명해졌고, 여행자들이 찾아드는 마을이 되었다. 부룽쿨 마을의 초등학교 선생님도 그와 같은 역할을 하고 있었다. 전통의 가치를 알고 지역을 지키려는 힘은 다른 곳에서 오는 것이 아니라 그들 스스로에게서 나온다는 것을 보여주었다.

언젠가 일본에 사는 지인을 통해 '고향세'에 대해 알게 되었다. '고향세'는 지방소멸과 농촌 고령화의 위기를 극복하기 위한 취지에서 일본 정부에서 시행하고 있는 제도다. 자기가 태어난 고향이나 응원하고 싶은 지자체에 기부하면 세액을 공제받고, 그 지역의 특산품도 답례로 받는다. 지자체는 재정을 확충하고, 농산물 소비를 촉진하는 효과가 생겨서 좋고, 납세자는 열악한 지방의 재정을 돕는 데 한몫하고, 또 답례로 선물도 받을 수 있다는 점에서 좋다. 10년 넘게 시행하고 있는 '고향세' 덕분에 일본의 농촌 지자체는 큰 도움을 받는다.

파미르를 여행하며 이제는 일본의 '고향세'와 비슷한 취지의 '세계시민세'가 필요하다는 생각을 했다. 누군가 파미르처럼 험한 곳을 지키고 산다는 것은 우리가 밟을 수 있는 땅이 늘어난다는 것과 같다. 파미르의 사람들이 이곳을 지키고 살 수 있도록 돕는다는 것은 우리에게도 좋은 일이니 서로 연대하자는 의미다.

파미르를 여행하며, 단순히 여행지를 소비만 하고 호기심 어린 눈으로 대상을 바라보는 여행이 아니라, 함께 대화하며 살길을 도모하는 것이 바람직한 여행의 태도라는 것을 알게 되었다. 다음에 다시 파미르에 오게 된다면 분명 내 여행 가방 속에는 다른 것이 담겨 있을 것이다.

HEALTH CENTRE
MURGAB DISTRICT
БУНГОҲИ САЛОМАТЙ

목동과 할아버지의 연대

랑가르(Langar)는 인구 2천 명이 안 되는 작은 마을이다. 와칸 계곡의 끝자락, 해발 3천 미터의 고지대에 위치한 마을로 파미르 남동쪽에서 가장 높은 마을 중 하나이다. 와칸 강과 파미르 강이 합류하여 판지강을 이루는 지점에 형성된 마을은 계곡 깊숙한 곳에 자리 잡고 있다. 랑가르의 아침은 양을 방목장에 보내면서부터 시작된다. 도시에서는 아이들을 어린이집이나 유치원에 보낸 후

본격적인 일과가 시작되는 것처럼, 이곳에서는 양몰이꾼에게 양을 맡긴 후 하루가 시작된다.

파미르에서는 양몰이꾼이 작은 노새를 타고 수십 마리 혹은 수백 마리 양 떼를 몰고 길을 따라가는 장면이 흔히 보인다. 처음에는 그 양들이 모두 양몰이꾼의 것인 줄 알았다. 그런데 그 양들은 양몰이꾼의 것이 아니었다. 파미르에서는 개인이 양을 방목하지 않는다. 전문적인 양몰이꾼이 있거나 동네 사람들이 순번을 정해 교대로 양을 몬다. 대체로 자기 소유의 양이 없거나 땅이 없어 농사를 지을 수 없는 사람들이 양몰이로 생계를 유지한다. 협업과 공동체 정신을 바탕으로 살아가는 셈이다.

이른 아침, 랑가르 마을을 산책하다가 방목장으로 보낼 양을 몰고 나온 동네 주민들을 만났다. 아침에 양을 목동에게 인계하는 것은 대체로 아낙들의 몫인 듯, 골목골목에서 동네 아낙들이 양을 몰고 나왔다. 한 사람이 몰고 나오는 양은 대체로 30마리 정도였다. 그런데 아낙들이 양을 몰고 나와서는 동네를 가로지르는 큰길에 가두고 있었다. 족히 3백 마리는 되어 보이는 양이 꼼짝 못 하고 골목에 갇혀 있었다. 마을이 온통 양 천지였다.

"저렇게 양이 섞여 있으면, 자기 집 양을 찾을 수 있어요?"

"물론이지요."

이방인인 내 눈에는 이 집 양과 저 집 양을 구별할 수가 없었다. 저렇게 뒤섞여 있으면 자기 양을 찾을 수 있을지 궁금했다. 비밀은 표식이었다. 동네 주민이 가르쳐주는 대로 살펴보니 양에는 모두 특별한 표식이 있었다. 코나 귀, 앞머리 부분에 색깔이 칠해져 있었다. 내가 어렸을 때 동네에서 잔치가 벌어지면 온 동네의 그릇과 숟가락, 쟁반을 빌려 왔다. 그럴 때 동네 사람들은 자기 것을 구별하기 위해 자신들만의 표식을 했다. 숟가락 뒷부분에 점을 찍거나 막대기를 긋거나 성씨를 써서 표시했는데, 이곳의 양도 마찬가지였다. 양의 주인은 자기만이 알 수 있는 표식으로 양을 구별하고 있었다.

그런데 다들 양을 골목에 몰아넣어 두고는 떠나지 않고 지키고 섰다. 골목 바깥으로 빠져나가려는 양들을 못 가게 막고는 지키고 서 있는 모습이 예사롭지 않았다. 다들 웅성거리고 있었다.

"왜 이러고 있는 거예요?"
"양몰이꾼을 기다리는 중이에요."

양몰이꾼은 두 사람이었다. 할아버지와 청년. 그런데 간밤에 무슨 일이 있었던 걸까? 청년이 나타나지 않는다는 것이다. 동네 양은 다 모여 있는데, 아무리 기다려도 양몰이꾼 청년이 나타나지 않으니 떠날 수가 없었다. 몇 번이나 전화를 한 끝에야 청년이 나타났다. 그가 늦잠을 잔 것이다.

늦잠 잔 청년을 타박하는 사람은 아무도 없었다. 귀한 아침 시간에 한참이나 동네 골목에서 양을 지키고 서 있었던 것을 생각하면 화가 날 법도 한데, 아무도 화를 내는 사람이 없었다. 청년이 나타나자 양몰이 할아버지가 앞장서서 걷기 시작했다. 그제야 양들도 할아버지 뒤를 따르기 시작했다. 청년이 제일 뒤에 서서 양을 쫓았다. 일제히 골목을 빠져나가는 양 떼 행렬은 장관이었다. 새끼들은 어미를 졸졸 따라갔다. 옆길로 새려는 양이 있으면 목동이 휘파람 소리를 내고 또 나뭇가지로 엉덩이를 쳤다. 그러면 또 대열 속으로 들어와서 걸었다. 그제야 마을 사람들은 집으로 돌아갔다.

파미르에는 '유목 생활'과 '정주의 삶'이 섞여 있다. 정주민 관점에서 유목 생활은 거처를 정하지 않고 자유롭게 물과 풀을 따라 옮겨 다니면서 동물을 기르는 일로 생각한다. 하지만 유목 생활 역시 계절에 따라 정해진 삶을 살아간다. 여름이 되면 고지대의 초지를 찾아 떠나고, 겨울이 되면 저지대로 내려와 겨울을 난다. 풀을 찾아 이곳저곳을 헤매는 것이다. 흔히 생각하는 유유자적한 삶과는 거리가 멀다. 농부가 풍년을 기원하며 한 해 농사를 짓는 것처럼, 유목민도 동물이 건강하고 새끼를 많이 낳아 더 많은 동물을 소유하길 원하며 이동한다. 유목의 삶 역시 매우 규칙적이며, 자연의 질서를 따르는 삶이었다.

황량한 파미르에서 유목은 피할 수 없는 일이다. 지팡이를 짚은 할아버지가 앞장서고, 그 뒤를 양 떼가 따르고 또 뒤에서 청년이 양을 쫓으며 걷는 모습을 보며 파미르의 유목이 시대를 넘어 이어지고 있다는 걸 알게 되었다. 할아버지는 오랫동안 터득해온 양몰이의 지혜를 청년에게 물려준다. 봄이 되면 어떤 초원으로 가야 할지, 건조한 계절이 오면 어떤 곳으로 가야 할지, 어떤 곳은 피해야 할지를 말이다. 언젠가 청년이 나이 들면 앞에서 양을 몰고, 또 어린 세대가 그 뒤를 따르게 될 것이다. 여태껏 파미르가 존재할 수 있었던 커다란 비결을 엿본 아침이었다.

아프리카의 어느 부족은 마을 노인이 죽었을 때, "도서관에서 불이 났다"라고 한다. 노인이 가진 지혜의 깊이가 도서관만큼이나 크다는 것은 의미한다. 거친 파미르에서 살아가는 지혜를 노인으로부터 물려받고 또 다음 세대에 가르쳐주는 것. 이곳의 노인 또한 도서관만큼이나 큰 삶의 지혜를 물려주고 있었다.

무바라키 기념관의 후예

파미르의 서부, 와칸 지역의 판지강 유역에서 농경과 목축을 겸하여 생활하는 이들은 자신들을 '파미리'라 부른다. 파미리는 '파미르에 사는 사람들'이라는 의미다. 타지키스탄은 다양한 민족이 섞여 있다. 타지크인, 키르기스인, 우즈베크인 등이 있는데, 파미리는 자신들을 그들과 구별한다. 이들은 '사카족'으로 알려진 유목 민족의 후예들이다. 그들이 어디서 왔는지 정확히 알 수는 없지만, 페르시아인의 후예라는 것에는 모두가 동의한다.

얌(Yamg) 마을은 파미리의 삶을 살펴볼 수 있는 대표적인 곳이다. 얌 마을에는 파미리의 문화가 밴 집이 골목길을 따라 모여 있어서 동네를 산책하는 즐거움이 크다. 특히 '무바라키 와카니(Muboraki Vakhoni) 박물관'에서는 파미리의 전통 가옥 구조, 생활 풍습, 예술을 즐기던 파미리 사람들의 삶의 흔적을 볼 수 있다.

박물관을 건립한 무바라키 와카니(1842-1902)는 18세기 후반에서 19세기 초반에 살았던 천문학자이자 학자, 신학자, 서예가, 음악가, 시인, 발명가였다. 그는 재능이 많아 얌 마을의 레오나르도 다빈치라는 별명을 얻기도 했다. 그는 평생을 파미르에서 살았고, 자신이 평생 산 집을 박물관으로 만들어 파미리의 전통문화를 후대까지 이어 가도록 했다.

박물관에는 파미리의 필수품이었던 생활용품, 무바라키 와카니가 제작한 농기구와 악기, 책도 전시되어 있다. 한쪽 공간에는 타지크의 다양한 의복도 전시되어 있다. 파미리, 타지크, 우즈베크 등 파미르에 사는 다양한 민족의 옷에 관해 설명해주었다. 마당에는 그가 해시계로 사용했던 구멍 뚫린 돌이 있고, 산비탈에는 돌창이 있다. 돌을 이용해 해와 달의 움직임을 측정하고 춘분과 추분을 측정했다. 그가 연주한 악기도 여러 개가 전시되어 있었다. 박물관을 둘러보면 그가 자연을 관찰하는 섬세한 눈을 가진 사람이었다는 것을 알 수 있다.

박물관 관리인 역시 박물관 건립자 못지않은 사람이었다. 박물관 관리인은 파미리의 가치를 소중히 여기는 사람이었다. 그는 자기 조상의 뜻을 이어가고 있었다. 정기적으로 마을 사람들이 박물관에 모여서 파미리가 즐기는 음악을 연주하고 춤추는 방법을 아이들에게 가르치며 파미리의 전통을 계승하려고 노력한다. 여행자들에게 파미리 문화를 알리는 일도 게을리하지 않는다. 그를 만나며 빠른 속도로 변해가는 세계 속에서도 파미르의 가치는 지켜질 것이라는 생각이 들었다.

"기다리게 해서 미안해요. 감자를 심는 중이었거든요."

우리가 그곳에 도착했을 때도 그는 밭에서 일하다 말고 달려왔다. 흙 묻은 신발과 옷, 장갑을 끼고 땀방울을 흘리며 박물관 문을 열어주었다. 수확을 마친 밭에서 내년 봄을 위한 준비로 한창 바쁠 때였는데도 그는 전혀 귀찮은 기색이 없었다. 아주 자랑스러운 표정으로 그의 증조부가 박물관을 세우기까지의 과정을 소상히 설명해주었고, 그곳에 전시된 생활용품의 용도를 설명했다. 농부들이 차고 다닌 주머니 사용법을 가르쳐 주면서 그 당시에 이미 뛰어난 디자인 감각을 지닌 분이었다는 것을 말해줄 때는 자부심이 뚝뚝 묻어났다. 전시되어 있던 악기를 직접 연주해주기도 했다. 악기 연주는 자기 증조할아버지가 할아버지에게 또 할아버지가 아버지에게, 또 자신은 아버지로부터 배웠다고 이야기했다.

그 덕분에 파미르의 문화에 대해서도 상세히 알 수 있었다. 파미르인은 전통을 지켜가는 것을 중요하게 생각한다. 그들의 전통은 의복, 축하 행사에 이르기까지 일상생활의 깊숙한 부분에 남아 있다. 특히 옷차림에서 전통을 지켜가는 그들은 수 세기 동안 해 온 것과 같은 방식으로 긴 코트와 머리 스카프를 착용한다. 전통 모자(toki)도 있었다. 족두리처럼 사각형으로 된 작은 모자다. 중앙아시아의 다른 곳과 달리 이 모자는 남성과 여성 모두 착용한다. 음악을 즐기는 풍습도 남아 있다. 그들은 큰 의식에서 전통적인 복장을 하고 악기를 연주하는 것을 중요하게 생각하는데, 결혼식에서 전통 복장으로 춤을 추고 악기를 연주하는 것은 없어서는 안 될 부분이다.

아마도 그는 숱하게 논밭에서 일하다가 박물관으로 달려왔을 것이다. 여행자들이 올 때마다 흙 묻는 손을 털고 여행자들에게 그의 조상에 대해 설명하고, 왜 이 박물관을 유지하는지 이야기했을 것이다. 동네 사람들과 함께 문화를 지키기 위해서 노력하는 그를 보며 오늘날 파미르가 건재할 수 있었던 힘은 이런 분들에게서 나온다고 생각한다.

에필로그

4년 전 혼자 집을 떠났다. 내 인생에 겨울이 찾아왔다는 생각이 들 즈음이었다. 6개월간 여행하며 실크로드를 따라 중국 시안을 거쳐 우루무치까지 여행한 나는 파미르고원을 넘었다. 코카서스, 중동지역을 지나 아프리카에까지 이르렀다. 막연히 세계사, 세계 지리로만 알던 여행지는 역사의 전면에 드러나지 않은 사람들의 촘촘한 그물로 이루어져 있었다.

세계를 이해하는 방법은 사람마다 다르다. 방 안에 앉아서 우주를 보는 사람도 있지만, 몸으로 체험하며 세상을 터득해가는 사람이 있다. 나도 그렇다. 여행을 통해 나를, 세계를 이해하고 싶었다. 『나는 걷는다』를 쓴 베르나르 올리비에는 터키의 이스탄불에서 중국의 시안까지, 12,000km에 이르는 실크로드를 걸어서 여행했다. 용기보다 두려움이 큰 나는 그처럼 여행할 수는 없었다. 대중교통과 차를 이용해 여행했다.

여행은 혼자만의 힘으로는 불가능했다. 도중에 30년 지기 이웃이 합류했고, 우연히 만난 여행자와 함께 여행하기도 했다. 가족처럼 지내던 이웃이나, 처음 만난 여행자와 긴 시간을 함께한다는 것은 불편함이 따르기도 했지만, 여행의 즐거움과 어려움을 같이 나눌 수 있었다. 오래전 꿈을 품고 실크로드를 넘었을 대상들이 낯선 곳으로 떠나는 두려움이나 도둑, 국경을 지나야 하는 어려움을 서로에게 의지했던 것처럼 말이다. 수백 년의 시간이 흘러 그곳에 간 나도 그들과 비슷한 마음으로 하루하루를 보냈다.

여행자를 따뜻하게 맞아주는 게스트하우스, 낯선 이방인을 기꺼이 초대하여 차 한 잔 대접하는 지역 주민, 든든하게 이끌어주던 운전사와 가이드, 나와 연대해준 여행 동반자들에게 감사하다. 여행도 삶도 함께할 때 빛난다는 것을 깨달았다. 서로 도움을 주고받고 영향을 줄 수 있었기에 여행이 빛났다.

나는 이제 파미르를 떠나왔다. 하지만 파미르에는 여전히 하늘의 별이 빛날 것이고 그곳 사람들은 터를 지켜가며 살아갈 것이다. 내게 그랬듯 그들은 그곳을 찾는 사람들에게 여전히 따뜻한 환대를 베풀 것이다. 언젠가 나는 또 그곳으로 떠날 것이다.

감사드리고 싶은 사람이 많다. 우선, 여행을 떠나는 나를 응원하며 '살아 숨 쉬는 그녀의 여행 펀드'로 여행을 지원해 준 친구들과 동료들에게 고마움을 전하고 싶다. 긴 여행에서 그들의 응원이 큰 힘이 되었다. 글을 쓸 수 있도록 격려해 준 김성현 선생님, 박은태 선생님, 호밀밭 출판사 하은지 편집자님께 감사의 말을 전하고 싶다. 끝으로 책의 디자인을 맡아준 딸 산들에게 고마운 마음을 전한다. 산들은 바쁜 직장 생활 가운데 짬을 내고, 서울과 부산을 오가며 엄마의 책을 디자인하느라 애썼다.

참고 자료

장 피에르 드레주 『실크로드: 사막을 넘은 모험자들』 시공사, 1996

정수일 『우리 안의 실크로드』 창비, 2020

콜린 더브런 『실크로드』 마인드큐브, 2018

혜초, 정수일 『혜초의 왕오천축국전』 학고재, 2004

김규현 『파미르 고원의 역사와 문화 산책』 글로벌콘텐츠, 2017

김준희 『실크로드의 땅, 중앙아시아의 평원에서』 평민사, 2007

장준희 『문명의 실크로드를 걷다』 청아, 2012

Ole. Olufsen 『Gennem Pamir』 H. Hagerups Forlag København, 1905

Ole. Olufsen 『Through the Unknown Pamirs, the Second Danish Pamir Expedition1898-99』 London William Heinemann, 1904

N
파미르 지도
타슈켄트
우즈베키스탄
사마르칸트
판자켄트
두샨베
투르크메니스탄
아프가니스탄

카자흐스탄
알마티
키르기스스탄
오쉬, 술레이만투
사리모굴
사리타쉬
톨파쿨, 유르트 캠프
키질아트 고개
칼라쿨
타지키스탄
칼라이쿰
중국
굼베즈쿨 트레킹
무르갑, 컨테이너 바자르
야실쿨 호수
알리츄르
부룽쿨 마을
르그,
르흐 바다흐샨 수도
국경 시장
얌춘 요새,
비비 파티마 온천,
브랑 불교 유적지
랑가르
인도
파키스탄

"세상 모든 것에 감탄하는 지혜로운 사람들의 공간"
호밀밭 homilbooks.com

파미르의 시간

지은이 강진숙
초판 1쇄 2022년 12월 31일
편집 하은지
디자인 이산들
마케팅 최문섭

펴낸이 장현정
펴낸곳 ㈜호밀밭
등록 2008년 11월 12일(제338-2008-6호)
주소 부산 수영구 연수로 357번길 17-8
전화 051-751-8001
팩스 0505-510-4675
이메일 homilbooks@naver.com

Published in Korea by Homilbooks Publishing Co, Busan.
Registration No. 338-2008-6.
First press export edition December, 2022.

ISBN 979-11-6826-093-1 (03910)

※ 본 사업은 2022년 부산광역시 BUSAN METROPOLITAN CITY 부산문화재단
<부산문화예술지원사업>으로 지원을 받았습니다.